池上彰の〈夜間授業〉

Night Classes to
Learn Post-Occupation Japan

Akira Ikegami

日本の戦後を知るための12人

池上彰

文藝春秋

日本の戦後を知るための12人
池上彰の〈夜間授業〉◉目次

第5回

渡邉恒雄

読売帝国の支配者

もう一つの掲載拒否騒動／舞台裏の仕掛人／「初めて新聞名を公表します」
やっつけ仕事の情報源は？／特ダネを自分で作り上げる記者／保守の論客の若かりし頃
正力松太郎の野心／南の海に雪が！／抗議辞任した湯川博士／大野伴睦の番記者を命じられる
マスコミ三悪人／今は亡きボスへの献身／ワシントンで鍛えられて
編集と経営は両立できるか？／《Q＆Aコーナー》

第6回

堤 清二

詩人経営者の血脈

「化け物」を父親に持って／ある日突然、大豪邸暮らし／「ラーメン・デパート」を再建
大卒を採る・採らない／異母弟に頭を下げる／セゾンカードの使えない場所
宴会ホテルもいいけれど／西友ストアーとＰＡＲＣＯ／「公園通り」はイメージ戦略
セゾン文化花盛り／近づいてきた落日の刻／遺されたＤＮＡ／《Q＆Aコーナー》

第7回
村上世彰と堀江貴文
金儲け至上主義と国策捜査

第8回
石原慎太郎
暴言と思いつきの長期都政

本書は、文藝春秋西館で行なわれた講義、
「〈夜間授業〉池上彰〝戦後〟に挑んだ10人の日本人」
全10回をもとに構成、編集したものです
（第1回・2018年4月27日〜第10回・2019年3月28日）

日本の戦後を知るための12人

池上　彰の〈夜間授業〉

Night Classes to
Learn Post-Occupation Japan

Akira Ikegami

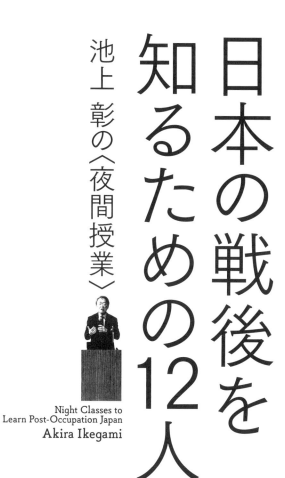

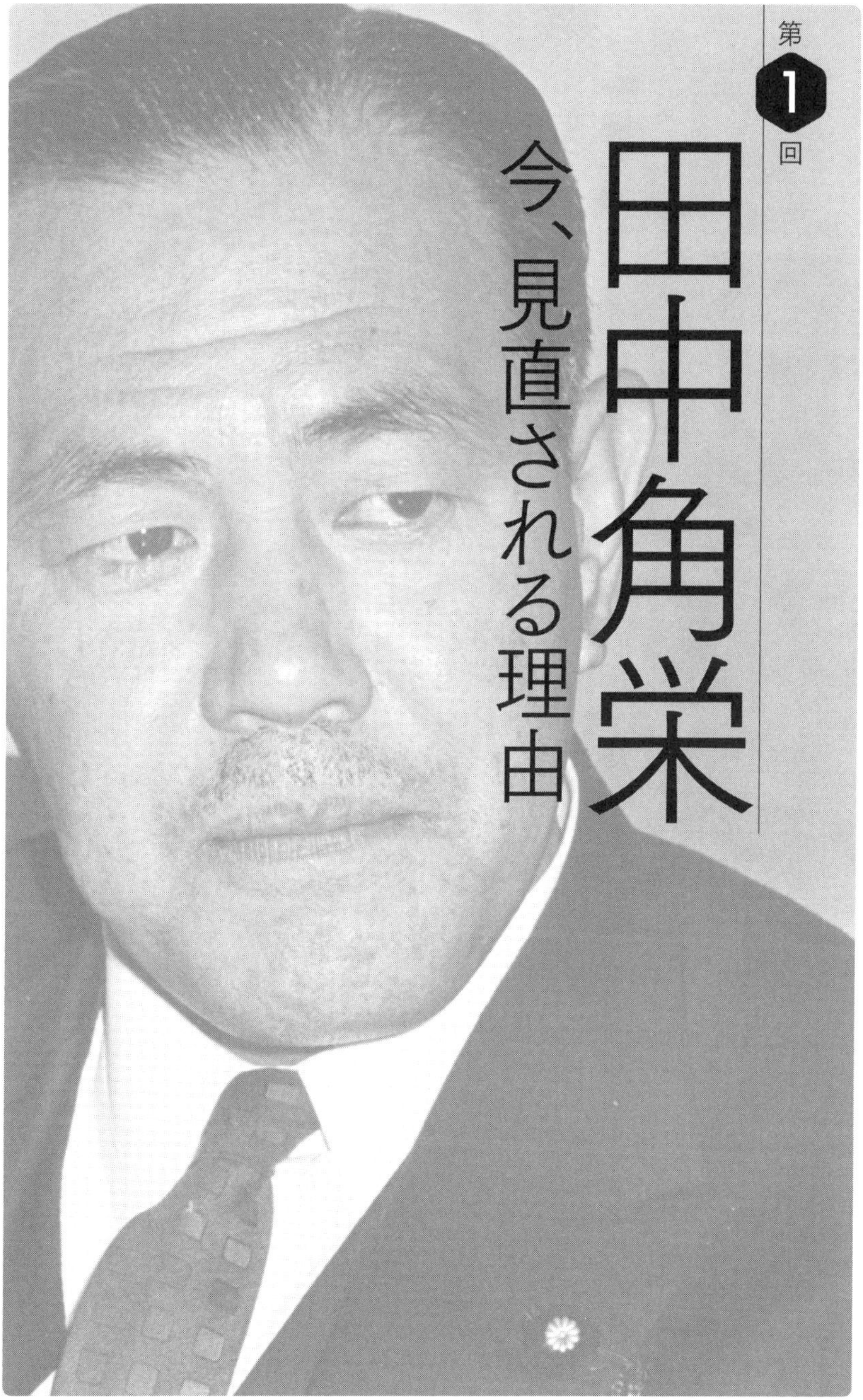

第1回

田中角栄

今、見直される理由

かつては、「首相の犯罪」によって糾弾され、政界を追われたはずの田中角栄が今、「不世出の政治家」「天才」と見直されています。恵まれない境遇からのし上がり、ずば抜けた人心掌握術を身につけた彼が成した「功」と「罪」を今こそ振り返ってみましょう。

田中角栄

たなかかくえい　政治家。一九一八年、新潟県生まれ。貧しい農家の七人きょうだい中ただ一人の男児(兄は夭逝)として育つ。最終学歴は二田高等小学校。田中土建工業を経営していたが、同社顧問の政治家に乞われ、四七年に衆議院議員に初当選。以降、閣僚や自民党幹部を歴任し七二年には首相となる。日中国交回復などの成果も挙げたが「田中金脈問題」を契機に七四年に退陣。九三年没皆さんこんばんは。夜遅い時間に大勢お越しいただきましてありがとうございます。

きょうは田中角栄という人を取り上げます。今、なぜ田中角栄なのか？

二〇一八年は生誕百年ということもあって、折に触れて角栄待望論が唱えられました。総理大臣になったときには「今太閤」ともてはやされ、金脈問題が出ると大変なバッシングを受け、総理大臣を引退した後も、田中軍団の陰の黒幕として政治を牛耳った田中角栄。亡くなった後も、彼が『日本列島改造論』で提起した各種プロジェクトが現在まで続いています。

考えてみれば、戦後のかたちを作ってきたのは、実は田中角栄ではないのか、ということで、今ますます人物が高く評価されるようになってきているわけです。

田中角栄という人は、その時々によって評価が異なるんですね。その毀誉褒貶をこれからお伝えしようと思います。そこからどのような評価を下すかは皆さん方にお任せすることにします。田中角栄の毀誉褒貶については、文藝春秋も一定の役割を果たしている。そのことも含めて、因縁のあるこの文藝春秋の別館でお話しできればと思っています。

金にまみれた総裁選

まず、田中さんの人心掌握術がいかに優れていたかを示すエピソードをひとつ。一九六二年、第二次池田勇人内閣の大蔵大臣に就任して居並ぶ大蔵官僚を前にあいさつをした、そのあいさつ文が記録に残っています。

「私が田中角栄であります。皆さんもご存じの通り、高等小学校卒業であります。皆さんは全国から集まった天下の秀才で、金融、財政の専門家ばかりだ。かく申す小生は素人ではありますが、トゲの多い門松をたくさんくぐってきており、いささか仕事のコツは知っているつもりであります。これから一緒に国家のために仕事をしていくことになりますが、お互いが信頼し合うことが大切だと思います。従って、今日ただ今から、大臣室の扉はいつでも開けておく。我と思わん者は、今年入省した若手諸君も遠慮なく大臣室に来てください。そして、何でも言ってほしい。上司の許可を取る必要はありません。できることはやる。できないことはやらない。しかし、すべての責任はこの田中角栄が背負う。以上！」

これを聞いた大蔵官僚たちは、一発で参ってしまいました。君たちは自由にやれ、責任は私が取る、と言われて心酔しない部下はいないでしょう。さあ、今の政治家に、こう言い切れる人はいるのだろうかと、つい考えてしまいます。

一九六五年、前年からの証券不況の中で山一證券が経営不振に陥りました。その救済のために日銀特融、日銀による特別融資が行なわれました。それを断行したのが大蔵大臣の田中さんでした。官僚であれば、過去に例のないことはやりたがらないものです。それを田中大臣は「いいからやれ。責任は俺が取る」と言って救済させました。先の就任あいさつはハッタリでも何でもなかったことになります。

田中角栄は「コンピューター付きブルドーザー」の異名をとり、数字の暗記力や強引なまでの実行力が称えられました。総理大臣に就任したのは一九七二年の七月。当時五十四歳で、のちに安倍総理が誕生するまでは戦後最年少の総理大臣でした。

隠れ田中派は野党にも

このときの自民党の総裁選がすごかった。一回目の投票で田中角栄一五六票、福田赳夫《たけお》一五〇票、大平正芳《まさよし》一〇一票、三木武夫六九票。田中さんと二位の福田さんとの票差はたったの六票。この開票結果を知った田中さんは椅子からポンと跳び上がって驚いたとか。「（あれほど大勢に金を配ったのに）こんなに少ないはずはない」というわけです。

田中さんと福田さんは共に佐藤内閣を支えてきた両輪です。佐藤栄作はいずれ福田を後継に、と考えていたふしがあるのですが、政権の末期にもなると田中がメキメキと力をつけていましたから、後継を指名することもできません。田中は佐藤派の三分の二を率いて分離独立します。そして総裁選に突入。それは、ともに負けられない二人が争う、まさに「角福戦争」の様相を呈しました。

結局、一位と二位の決選投票では田中が勝ち、総裁に選ばれます。最終盤になって中曽根康弘が出馬を取りやめて田中支持を表明。このとき中曽根は田中に七億円で派閥の票を売ったとの噂が流れて、中曽根さんが週刊誌の追及に弁明する一幕もありました。

当時の自民党の総裁選は、今では考えられないほど札束が乱れ飛びました。総裁候補を抱える派閥のうち二つの派閥からお金をもらうのをニッカ、三つからもらうとサントリーと称し、「あいつはサントリーだ」なんて言い方で揶揄されたものです。各人一票しかもっていないので、複数の派閥から金を受け取ったら、当然どこかを裏切ることになる。田中さんが何人もの裏切りを知って椅子から跳び上がったのも、そういう背景があったからです。

ただ、田中さんの凄いところは、一回目の投票で盟友の大平さんに票を回していたこと。盟友とはいえ、総裁選に出るくらいだからライバルでもあるのに、盟友が恥をかかないよう、本来なら自分に入るべき票を回したというのです。常人なら自分がぶっちぎりでトップになりたいと思うでしょうに。とはいえ、そのおかげで、大平さんに入った百一票がそのまま二回目の投票で田中さんに流れたろうことは、容易に推測ができます。

田中さんは、それ以外にも緻密な計算を働かせています。たとえば表向き福田派に属する人間で、「今回は親分の福田さんに入れざるを得ません」とわざわざ田中さんのところに仁義を切りに来た人もいました。しかしさすがは田中角栄。「あんたは福田さんに入れればいいよ」と、けっして裏切り者呼ばわりはしないのです。こうなればイチコロですよね。取りあえず福田さんに票を入れはしても、総裁選のあとは田中さんに尽くそう、と考える人がいろんな派閥にいた。いえ、自民党内部だけではなく、野党の社会党にもいました。

田中さんほど「生きた金の使い方」をする人もいません。これは総理になってからの話ですが、福田派のある議員が入院したとき田中さん自ら見舞いに行きました。議員からすればそれだけでも恐縮するのに、帰りぎわにさりげなく封筒が置いてある。角さんは気前がいいというから見舞金は五十万円ぐらいかな、と思って中身をたしかめると、これが五百万円。さらにこのお見舞いを四回繰り返す。〆て二千万円。こうやって隠れ田中派を増やしていくのです。こういうやり方は、人間心理を知り尽くしていないとなかなか出来るものではない。ふつうの政治家とはスケールが違うのでしょう。

命懸けで日中国交正常化

外交を見てみましょう。田中さんが総理になってまっさきに手をつけたのが中国との国交回復です。

田中さんは総理大臣になってわずか三か月後に北京を訪れて日中国交正常化への道を開きました（註1）。あの突破力を持った人はもう現われないのだろうか――。そうした空気が、今の田中角栄待望論にもつながっているのです。

中国との国交を回復することがいかに難しい仕事であったか、今の若い方はあまりお分かりにならないと思います。

第二次世界大戦後の日本は、台湾（中華民国）とだけお付き合いをして、共産党が支配する大陸中国（中華人民共和国）との間には国交がありませんでした。日本だけではない。国際連合においても中国の代表権をもつのは中華民国であり、常任理事国として五大国の一角を占めていたのも中華民国だったのです。

私の持っている当時の地図は、大陸中国も台湾も同じ「中華民国」になっています。蔣介石率いる国民党政権は小さな台湾島に追いやられたけれど、いつしか反攻に出て中国大陸を奪い取るぞ、という夢がその地図には描かれていたのでしょう。

やがて新たに独立したアフリカ諸国を中心に、大陸中国に国連の代表権を与えようという動きが出始めます。それを食い止めようとアメリカや日本は必死になる。そうした攻防も、ついには国連総会で大陸中国の代表権が決議されて、台湾は国連を脱退してしまいます。

その後も日本は台湾に義理立てをして国家として遇していたのですが、一九七二年二月、なんとニクソン米大統領がいきなり訪中して大陸中国と和解したものだから、日本はびっくり仰天。これがいわゆる「頭越し外交」です。二〇一八年六月、トランプ大統領と金正恩が急接近して日本をあわてさせたのと、まるで二重写しに見えてしまいます。

さて、ニクソン電撃訪中から半年も経たない頃、田中さんは総理になりました。国民の多くは中国との国交正常化を望んでいるのですが、国内の政治状況はまだまだそれを許さない。田中さんの住む東京・目白の自宅には右翼団体の街宣車が押しかけて「売国奴角栄！」とがなり立てています。田中さんが北京を訪れたのは、そんなピリピリした空気の中でのことでした。外遊にはいつも連れて行った娘の眞紀子さんを、このときは「日本に戻ったら自分は殺されるかもしれない」と置いて行ったほどです。今の時代からは想像しにくいかもしれませんが、まさに命を懸けた外交交渉だったのです。

面白いのは、このとき福田派は田中さんの日中国交正常化に猛反発をしたのですが、国交正常化を正式に具体化した「日中平和友好条約」の締結は、次の次の福田政権の手で行なわれたことです。歴史の皮肉といえなくもないのですが、それにも理由がありました。

自民党内で福田さんは右寄り、田中さんは中間よりやや左寄りです。そんな田中さんが本格的な国交回復のために日中平和友好条約まで結ぶとなれば、おそらく国内の右派勢力から相当な攻撃を食らっていたことでしょう。つまり、平和友好条約の締結は右寄りの福田さんだからこそできたことでした。そもそもニクソンが共産主義中国と和解に踏み切れたのも、アメリカ国内ではタカ派と目されていた大統領だからこそでした。


（註1）一九七二年九月二十五日に田中は中国を訪問。国交正常化を目指したのはニクソンの電撃訪中が契機だったが、アメリカより早くそれを実現しようとしていた（アメリカには報告済み）。しかし日中平和友好条約が調印されたのはその六年後の福田内閣時である。

日本列島改造——地方へのまなざし

内政面では、列島改造政策を抜きにして田中内閣は語れません。

田中さんが「日本列島改造論」を世に問うたのは通産大臣のとき。総裁選のわずか一か月前です。経済部の新聞記者や通産官僚などを集め、田中さんがこれからの日本列島はどうあるべきかの構想を語り、記者たちが本にまとめました。それが、日刊工業新聞社という業界紙の出版社から刊行され、九十三万部という大ベストセラーになった『日本列島改造論』です。

実はこの本が出た一九七二年六月当時、私は経済学部の大学四年生で、日本列島改造論をかなり批判的に論評するレポートを書いたことがあるのです。あの頃よく言われていた「日本列島を鉄とコンクリートで埋め尽くすのか。自然を破壊していいのか」といった批判に乗っかって書いた安直なレポートではありましたけれど、今になってみると田中さんが日本列島改造論で言わんとしたことがよく分かる気がします。

田中角栄は新潟県刈羽郡という豪雪地帯の農家の次男として生まれました。長男は夭逝しているので、実質的に角栄は長男です。父親の角次は牛や馬の取引をなりわいとしていました。

角栄少年は高等小学校を出てまもなく、職を求めて東京に出ます。列車を下りて見上げると、おそらく関東平野には青空が広がっていたことでしょう。ふり返って新潟のほうを見れば空はどんよりと重苦しい。なんという違い、なんという不公平。新潟だけでなく東北だって山陰だって、人々はみな同じ思いでいるに違いない。日本列島各地に中核となる都市を作ってそれらを高速鉄道網で結べば、列島全体が均衡ある発展をとげることができるはずだ――こうした地方へのまなざしが日本列島改造論となったのだろうと思います。

あの本が売れた理由の一つは、間もなく田中さんは総理大臣になるだろう、という思惑で手に取った人たちが大勢いたからでしょう。とりわけ大手建設会社、ゼネコンの人たちにしてみれば、鉄道をどこに引くのか、高速道路がどこの土地を通るのかは、本を読めばプロなら容易に分かります。土地の買い占めが全国各地で行なわれるようになり、同時に土地の値段がどんどん上がっていったのです。

翌一九七三年十月、第四次中東戦争が勃発し、石油価格が高騰してオイルショックが日本列島を覆います。あらゆるものの値段が上がる狂乱物価となり、それに油をそそぐかたちとなったのが日本列島改造ブームでした。田中さんにとっては、たまたま中東戦争が重なって運が悪かったということになるのでしょうが、列島改造の熱気がなければ、あれほどのインフレに見舞われることもなかったはずです。こうして田中政権に対する不満が高まっていきました。

金脈・人脈問題がトドメを

一九七四年十月、「文藝春秋」十一月特別号が出ました。表紙には《田中角栄研究　その金脈と人脈》と刷られているだけで、このあと歴史を動かすことになる記事のタイトルにしては、さりげない印象を受けます。じつはこの時、この立花隆さんの論文とセットで、もう一本の記事が載っていました。ルポライターの児玉隆也さんの「淋しき越山会《えつざんかい》の女王」と題した記事です。角栄の秘書で「越山会」の陰の実力者、佐藤昭《あき》（その後、昭子と改名。二〇一〇年に八十一歳で死去）という女性が、角栄に寄り添っていかに権勢をふるっていたかをレポートしています。

児玉さんは彼女と角栄が男女関係にあるなんて一行も書いていません。書いていないけれど、読む人が読めば分かる。この特別号が出たとき、田中さんにとってより打撃であったのは、児玉レポートのほうだったともいわれています。けれども、政治的に大きな問題として取り上げられたのは立花論文のほうでした。

立花隆さんの書きぶりは執拗です。角栄がいかにして金脈を掘り起こし、いかにして資金を集めることができたか、確たるデータをもとにして徹底的に調べ上げているのです。

当時、立花さんは文春の社屋にある一室にこもり、編集者やフリーランスの記者らとプロジェクトチームを組んでデータ集めをさせました。土地や会社の登記簿謄本をとって土地の名義がどのように変わっていったかなど、一つ一つ綿密に調べ上げるのです。それによって、公共事業計画が公表される以前にペーパーカンパニーを作りあげて土地を買い占め、計画の発表で突如そこの地価が跳ね上がったところで売り払う。こうした金脈づくりのカラクリを一つ一つ暴き立てていきました。

とりわけ有名なのが「信濃川河川敷」です。新潟を流れる信濃川の河川敷は、ちょっと雨が降ればすぐに水浸しになるから、恒久的な建物などは建てられない。だから地価も二束三文。それを田中角栄の関連会社が買い占めたあと、建設省のプロジェクトで立派な堤防が造られることになり、堤防に守られた河川敷は一等地に生まれ変わりました。そこで河川敷の土地を高値で売り払う――まさに現代版の打出の小槌です。

新聞もテレビも黙殺

ところがです。当時の新聞やテレビは、「文藝春秋」の記事が出ても一切報道することはありませんでした。雑誌にスクープを抜かれて大新聞・大テレビ局の記者のプライドが潰されたと感じたのかもしれません。ある新聞記者がこううそぶいたそうです。「こんなこと、俺は前から知ってたぞ」。じゃあ、なんで書かなかったのか、ということです。

「あれは福田派が文春にネタを流したんだよね」といった、まことしやかなうわさも流れました。でも、あれだけの克明な調査は、政治家レベルでできるものではありません。政界の無責任なウラ情報ではない、立派な調査レポートなのですから。

この七四年当時の私はNHKに入局して一年半、松江放送局のサツ回り記者でした。文春の記事を読んでビックリしました。データをもって語らせるとは、こういうことなのか、これこそジャーナリズムのあるべき姿ではないのか、と大きな刺激を受けたのです。

記事が出た翌月、日本外国特派員協会がこの問題を取り上げました。田中さんをゲスト・スピーカーに招くことは文春記事の前から決まっていたそうですが、質疑応答に移ってからの特派員たちの質問は遠慮のないものでした。田中さんは汗だくで、しどろもどろの受け答えしかできません。これを見てようやく、新聞もテレビも「外国特派員協会で金脈問題が追及された」というかっこうで報道しはじめました。

他人の調べたものを、また別の他人の力を借りて報道する。今から思えばきわめて卑怯なやり方ではありますが、これをきっかけに田中金脈問題は日本中の人々の知るところとなり、とうとう国会で取り上げられるまでに発展したわけです。

やがて田中さんはオイルショック問題（註2）も手伝って辞意表明。就任からたった二年余りのことでした。その絶頂期の、なんと短かったことか。

（註2）**オイルショック問題**……深刻なインフレにより本州四国連絡橋の工事が延期されるなど「日本列島改造」もストップ。田中は内閣改造に踏切り、均衡経済論者の福田赳夫を大蔵大臣に起用せざるを得なくなった。

政治家・田中角栄の誕生

新潟の豪雪地帯に生まれた田中さんが日本列島の大改造を構想し、それが日本経済に大混乱をもたらす一方で、そこに見つけた金脈に足を掬われる……。総理を辞任するまでの彼の半生をごくごく単純に描いてみると、すべてはその生い立ちに由来するように思えます。

彼の経歴からは、ほんとうに努力の人だなと思わされます。高等小学校を卒えて上京してからは、工事現場などで働きながら中央工学校の土木科（夜間）や英語学校に通い、まだ十九歳のときに建築事務所を設立。やがて日中戦争で徴兵されて旧満洲に渡るのですが、肺炎に罹って二年ほどで内地に送還されてしまいます。その間も独学で建築を勉強し、帰国後は建築士の資格をとっているのです。

一九四六年、戦後初の総選挙に立候補し、このときはあえなく落選しますが、翌年行なわれた新憲法になって初めての選挙で、新潟三区から出馬して当選を決めています。

田中さんは正妻はなさんとの間に二子をもうけています。しかし長男の正法を四歳で亡くしてしまう。これが彼の人生に大きな影を落としているようです。小沢一郎をあんなに可愛がったのは、死んだ我が子と同い年だったからといわれます。

その後、眞紀子さんが生まれると、長男に託すはずだった夢を、今度はこの娘に託すようになりました。だから非常に男勝りの政治家・田中眞紀子が誕生したのかもしれません。

坂道の上の家

一九四二年、二十四歳の時に八歳年上のはなさんと結婚していますが、この時はなさんと交わした約束は心をくすぐられます。それは、はなさんを「捨てないこと」「足蹴にしないこと」「いずれ二重橋を渡るときに連れていくこと」という三つの約束でした。「二重橋を渡る」というのは、皇居に行って天皇陛下にお会いするという意味です。二人は、きっといつかはそういう立場に立つ、と思い定めていたに違いありません。

ただその反面、この亭主には、今の女性には許せない部分も少なくなかったようです。自分がよそに女を作っても妻に文句ひとつ言わせない男を、田中角栄は体現しているようなところがあるからです。

よく知られているだけでも、彼には二人の愛人がいました。一人は神楽坂芸者の辻和子さん、もう一人が、すでにふれた角栄の秘書兼金庫番の佐藤昭さんです。ずっと一緒にいた秘書の証言だと、「いやいや、それどころじゃない。全国にもっとたくさんいました」という話になるんですが、一般的に知られているのは二人でしょう。

辻さんとの間には二人の男子が生まれ、田中さんは息子たちを溺愛していました。やはり夭逝した息子が忘れられなかったのでしょうか。それでせっせと愛人宅に通うのですが、神楽坂の坂道については面白い都市伝説があります。

あの坂道は、午前と午後で一方通行が入れ替わります。これは田中角栄が午後、国会方面から坂道を上って愛人宅を訪れ、一晩過ごした翌朝は坂を下って永田町に向かうのですが、その便利のために一方通行の切り替えが行なわれるのだろう……。

知る人ぞ知る話でした。ジャーナリストの端くれの私は、警視庁に確認を取ったのですが、「そういう話が広がっていることは承知しております。でも、それを裏付けるものは何もありません」。つまり、都市伝説だというわけです。そのベースになっているのは「角栄ならやりかねないよね」という思いなのでしょうが、角さん本人がそんなことをいちいち指示するとも思えません。じゃあ、お役所の忖度なのか。いずれにせよ、これも田中さんのあまりに強大な存在感を示すエピソードであることに違いはありません。

見逃した歴史的瞬間

総理大臣を辞めたあとの一九七六年二月、ロッキード事件が表沙汰になります。震源地はアメリカ上院の外交委員会に設けられた多国籍企業小委員会。航空機製造のロッキード社がトライスターという旅客機などを売り込もうとして、各国の政界要人にリベートを贈っていたことが発覚。一気に世界中に問題がひろがったのです。

議会での証言者は、アメリカの場合は神様に向かって証言をする。ベースにキリスト教があるので、アメリカ人の証言者は嘘はつけません。どこかの国の官僚のように、「訴追の恐れがありますので証言を控えさせていただきます」なんて逃げは許されないのです。

そんな中で、ロッキード社のコーチャン副社長の証言によって、イタリアや日本の政治家たちにリベートが渡ったことが明るみに出ました。さあ、ここからはリベートが日本の誰に贈られたのかが焦点になるわけです。かくして警視庁と国税庁、東京地検特捜部が一緒になって捜査に入ります。主としてロッキード社の代理店をつとめていた大手総合商社・丸紅がさまざまなルートを通じて配ったらしいと分かってきたのです。その最大のルートが総理ルートでした。

七月二十七日、田中角栄が東京地検特捜部に連行され、逮捕されました。逮捕容疑は総理在任当時に丸紅を通じて五億円をロッキード社から受け取ったという外国為替管理法違反などですが、その後、受託収賄罪でも起訴されます。いわゆる「総理大臣の犯罪」です。世の中は騒然となりました。

私は松江放送局から東京の社会部に応援に駆り出されて、このときは運輸省の元幹部の家の前で張り番をさせられていました。逮捕されそうな人の家の前で、交代で張り番をしていたのです。もしも東京地検の前で張っていたら、あの歴史的瞬間を見られたのに。

この事件で私の人生も少し変わりました。経済学部出身ですから、もともとは経済部志望でした。ところが、社会部の記者たちがロッキード事件を追いかける姿は、正義の味方に見えてしまったのです。それで松江の後、呉通信部を経て、社会部に配属希望を出したらそれが実現。その後は社会部記者としての人生を送ることになりました。

「総理の犯罪」に最高裁は?

ロッキード事件は戦後最大の汚職事件でした。政財官界から多くの逮捕者を出し、その周辺で何人もが不審死をとげるなど、日本の社会を大混乱させたのです。

角栄本人は一審二審ともに有罪となりました。彼は当初から身の潔白を主張しつづけていて、最高裁判所にも上告。しかし、最高裁の判決は待てど暮らせど出ません。裁判の途中で田中さんは脳梗塞で倒れて寝たきりになってしまい、一九九三年の十二月に七十五歳で亡くなってしまいます。病に倒れた原因は、田中さんに可愛がられた竹下登さんが創政会をつくって田中派を離れたこと。怒り狂ってウイスキーのオールドパーを大量に飲んだせいだといわれました。

結局、裁判は被告の死亡によって公訴棄却となり、審理は打ち切りになってしまいました。ですから、裁判上は田中角栄の有罪はいまだ確定していないことになります。

それにしても、あの最高裁の判決引き延ばしは異常でした。逮捕から十七年、上告のときから数えても六年もの歳月が流れている。総理に有罪判決を下すのは忍びなかったのではないか。だから田中角栄のいのちが尽きるのを待っていたのではないのか——私はそう見ています。

角栄が読み違えたもの

田中角栄は遺産をいくつも残しました。整備新幹線（北海道、東北、北陸、九州の各新幹線）のように今も進行中のもの、いくつもの障害があって頓挫しているものもあります。

その一方で田中さんが想定しなかったこともあります。新幹線ができたことによるスポイト効果と呼ばれるものがそれです。新幹線網で地方と都会を結びますと、地方の人たちが新幹線を使って都会に出て行ってしまう。あるいは、どうせ買い物をするなら都会でしようよ、善光寺参りは日帰りでやろうよ、ということにもなる。

本四連絡橋もこのスポイト効果を助長しています。高松の人も徳島の人も、大阪に買い物に行く。つまり、地方の人たちをまるでスポイトで吸い上げるように吸い上げて都会に運んだ結果、地方の過疎化が進んでいるのです。田中角栄が構想した列島改造論には先見の明があったその一方で、思わぬ形を招いています。これもまた現実なのだということです。

田中さんの地方へのまなざしは、原発推進政策にも表れています。原子力発電所を抱える地方自治体に対しては、国から交付金が配られています。三つの法律にもとづいて交付されるので、これを「電源三法交付金」と呼びます。どこの自治体でも原発なんか受け入れたくない。だから「もし受け入れてくれれば交付金が出ますよ」という仕組みにして各地に原発を造った。その仕組みを作ったのも田中角栄です。

産業もないさびれた所に原子力発電所を誘致する。それによって雇用が生まれ、その地域が繁栄する——そういう仕組みであったことは間違いのない事実ですが、今になってみると、そうやって原発を造ったためにあの福島の事故も、という非難にもつながるわけです。

一方で、金脈の問題もあった。私生活や下半身の問題もあった。当時の記者たちは「政治家の下半身は一切問わない」とうそぶいて、佐藤昭との関係も神楽坂芸者の存在も不問に付してきました。金脈問題と同じく、知っていて書かなかったのです。今なら「週刊文春」が一発で書くでしょう。それでも知らん顔をして政治家をつづけられたかどうか。

あるいはまた、国民の側も考えなくてはなりません。金にも女にもだらしないけれど仕事のできる政治家と、清廉潔白だけれど仕事のできない政治家のどちらを選ぶべきなのか。

この国民に突き付けられた究極の選択にこそ、「今なぜ田中角栄なのか」の答えもひそんでいるのではないか。私はそう思います。ありがとうございました。（拍手）

Q&Aコーナー

質問者Aさん　お話をお聞きしながら、当時の他の政治家も大なり小なり金脈の問題を抱えていたんではないかと頭の中で考えていましたが、そのへんはどうだったでしょうか？

池上　おっしゃる通り、大なり小なりみんなやっていたでしょう。しかし、これだけ大規模に組織立ってお金を集めていたのは田中さんだけ、ですね。例えば新しい鉄道が敷かれるとなれば、そのルートを自分の支持者である建設会社に耳打ちするのは日常茶飯事でした。しかし、それを組織的な金脈に変えたのは角栄さんだけだったということでしょう。

質問者Bさん　角栄さんの思想には、社会主義的な考え方が多分に含まれているんじゃないでしょうか。それは農民運動の強かった新潟という土地柄があったように思うんです。ある意味、二・二六事件の皇道派青年将校が持っていたような思想ですね。そして、こういった角栄さんの思想が、岸さんに代表されるような保守思想の流れに加わって、結果的に自民党の幅を広げていったのではないかと考えているのですが。

池上　新潟の農民の思想という点ではおっしゃる通りだと思います。そもそも終戦直後、新潟の農民たちは社会党の支持団体である日農（日本農民組合）を支えていました。それがいつしか越山会に入り、角栄さんの熱烈なファンになっていくのです。

しかし、なにも新潟にかぎりません。地方から出てきて弱い人の味方をしようという政治家は自民党の中にも少なからずいました。いわゆる国際標準でいう社会民主主義的な流れですね。岸信介にしても元々は旧満洲の革新官僚だったわけですから、国家社会主義的な要素があったといえなくもないでしょう。

その一方で「いやいや、資本主義というのは自由競争を旨とするんだから、いちいち国家が口を出すべきではない」という考え方、小泉純一郎に代表される新自由主義的な流れがあります。この新自由主義的な流れと社会民主主義的な流れ、その両方が自民党という政党を構成していたわけです。そして総裁選のたびごとに、あっちが取ったりこっちが取ったりして、結果的に疑似的な政権交代を繰り返してきた。この幅の広さが自民党長期政権の秘密だとされています。ただ、ここにきて自民党の思想の幅が非常に狭くなっているのが気にかかるところですがね。

質問者Cさん　閉塞感が漂っている昨今の日本に、池上さんは、田中角栄のような政治家は必要だと思われますか?

池上　さっきも言いましたが、本当に究極の質問ですよね。私も含めてよくやる失敗なんですけど、「昔の政治家は偉大であった。それに引き換え今の政治家は……」。でも、そうじゃないんですよね。自分と同時代の政治家は小粒に見える。そのときどきで袋叩きに遭うわけです。

だけど、年月を経てみると、「あの政治家があの仕事をやったからこそ今があるんだな」ということもある。歴史の評価というやつですね。

これだけは言えると思います。政治家にとって大事なのは人気取りに走ることではない。求められているのは、後世が自分のことをどう評価するのかを考えて政治を行なえるかどうかの資質です。後生畏《おそ》るべしという言葉もありますけれども、とにかく、自分の行為は歴史によって判断されるんだという思いを持つことが重要だと思います。

付け加えると、これは政治家だけに限りません。官僚たちも後世の人たちに評価されるわけで、そのとき評価のための材料になるのが公文書なんです。公文書をきちんと残してこそ、後世が判断できる。そうされるのが嫌で公文書をなくしたり改ざんしたりしてしまうなんて、とんでもないことですよ。公文書には一切手を付けてはいけません。そうしてこそ政治家も官僚も歴史に責任を持てるし、同時に自分の日々の行動を律することになると思うんです。

そういう観点で田中角栄は今の時代に必要かどうかを考えると、おそらく必要ではないんでしょうね。財政状態がこんなに悪い時に列島改造なんて誰も許してくれないのではないか。その時代にはその時代の政治家が求められます。そして、そういう政治家を育てるのが、私たち国民の役割だと思うんですね。

第2回

江副浩正

情報社会の開拓者

「日本株式会社の人事部」を
自認するリクルート。就職活動で
お世話になる人は今も多いでしょう。
〝情報を売る〟という
斬新なビジネスを生み、大成功した
江副浩正は、どこで足を踏み外す
ことになってしまったのか――。
萌芽は彼の「贈り物好き」でした。

江副浩正

えぞえひろまさ　株式会社リクルート創業者。一九三六年、愛媛県生まれ。甲南中学・高校から東京大学に進学し、東京大学新聞社で企業への営業を身につける。大学新聞広告社を設立し、新卒への就職ガイドブックを発行して成功。社名変更の後も不動産や旅行など様々なジャンルで〝広告だけの雑誌〟を出す。八八年に「リクルート事件」が発覚し、有罪判決を受ける。二〇一三年没今回はリクルート事件の江副浩正さんです。

リクルート事件というのは、江副さんが自社の未公開株を政財官界、あるいはマスコミに配って利益を供与したとされる事件ですから、関係者が非常に多いのです。そんな中で、江副という人物についての評価を下すのは大変難しいなという思いを持っております。とくに私は、文部省の担当でリクルート社を取材したりして、まったくの第三者とはいえません。私にも見えにくい部分が多々あるのです。

私はあのころ、銀座七丁目ビルと八丁目ビルへ取材に行きました。広報の担当者は男性も女性もいましたけど、非常に優秀で明るくて、すっかり仲良くさせていただきました。あるとき、広報の女性が結婚することになりました。リクルート社の社員の結婚披露宴は実に派手です。私も招かれて行きましたけど、そんな会には慣れていないので、どうにも居場所がない感じです。広報の人が「そのうち江副さんがあいさつに来ますよ」と教えてくれたのですが、とうとう最後まで江副さんは現われなかった。

翌日、朝日新聞を開いて驚きました。社会面に「川崎市助役へ一億円利益供与疑惑」とあって、リクルートの不動産部門を担うリクルートコスモス社（註1）の未公開株を渡していた、と書かれています（註2）。川崎市の開発プロジェクト予定地に進出しようとしていたリクルートが、市の助役に未公開株を渡していたというのです。そうか、このせいで昨夜、江副さんは来られなかったのか――。

（註1）**リクルートコスモス**……一九六九年に映画社として作られた会社が、七四年に事業目的を不動産業に切り替え、八五年にこの社名に。現・コスモスイニシア。

（註2）川崎駅西口の再開発で、明治製糖川崎工場跡地にリクルートが建てるビルの容積率を引き上げ、高層建築を可能にさせるよう便宜を図ってもらうことが目的であったと報道された。

日本株式会社の人事部

リクルートが日本社会に及ぼした影響は、一民間会社の域を超えています。今、「リクルート」といえば、リクルートスーツやリクルート活動ということばを連想しますよね。本来は「新兵を採用する」という軍隊用語なのですが、考えてみると、「企業戦士をどう採用するか」というコンセプトがそのまま社名になっているのは、言い得て妙だったように思います。

さらに社名が日本リクルートセンターからリクルートへ改められますが、その発展のプロセスが、ちょうど日本の高度経済成長期とパラレルになりました。各企業が、どうやって優秀な人材を採用すべきかを模索する際に、リクルートがそのツールを提供したということの意味は非常に大きかった。江副さんは生前、「わが社は日本株式会社の人事部を目指す」という言い方をしていたことがありますが、まさにその機能を果たしたのではないかと思います。

しかし、そんな会社が贈賄で新聞の社会ダネになるというのは、一体どういうことだったのでしょうか。

あきらめなかったのは朝日だけ

ここで「未公開株」というものをご説明しておきましょう。

通常、未公開株は経営者の親族や取引関係者に持ってもらって、証券取引所では売買されないのですが、さあ上場するぞというときは、その会社が成長を見込まれるからこそ上場するわけで、高値で取引されます。そこに差額が発生するので、莫大な利益を生むことにもなります。江副さんがばらまいた株も、賄賂として機能したのです。

ただし、川崎市の助役への未公開株は、すでに時効を迎えていましたから、メディアにしてみれば「これは時効だから事件にならないよね」で終わるはずでした。現に内偵捜査をしていた神奈川県警も、時効にかかって捜査を断念しています。

じつは、神奈川県警の内偵捜査をつかんでいたメディアは三社ありました。朝日の川崎支局、産経新聞、そしてＮＨＫです。このうちＮＨＫと産経は捜査断念を知って取材をやめたのですが、朝日の川崎支局には熱血漢がいました。

「時効になったからといって、モラルとして許されることじゃない。ここからはメディアの出番だろう」ということになった。この熱意と勇気がなければ、のちに大きな広がりを見せることになる事件も、ひっそりと埋もれてしまっていたでしょう。

やがて、収賄側として川崎市から政界、ＮＴＴ、労働省、文部省へと広がりはじめ、東京地検特捜部はこの四ルートの本格捜査に乗り出します。

ＮＨＫ社会部にもプロジェクトチームができました。その取材過程の中で、中曽根内閣のときに設けられた臨時教育審議会（臨教審）に江副さんが出席して、なんらかの発言をしているらしいと分かり、文部省を受け持っていた私のところに取材チームから「議事録が手に入らないか」という問い合わせが来ました。ふつう、こうした審議会の模様は、いくつかある部会の部会長が会議後に発表します。担当記者は、それらをまるめて――要旨をまとめてニュースにするわけです。しかし私はすべての議事録を手に入れていました。

もう時効だから言えるんですが、じつは審議会のメンバーの一人が、「議事録が膨大すぎて整理しきれない」というので、「じゃあ私が整理してあげる」と言って、何度かに分けて局に持ち帰ってコピーをとり、整理したうえでお返ししていたのです。一応これでもちゃんと取材していた時代もありまして（笑）。

そのコピーの中に、江副さんが文部省に対してリクルートに有利になるような働きかけをしているやり取りが出てきた。それを元に原稿を書いた記者は特ダネ賞をもらいましたが、私には何も来なかった。これも今となっては懐かしい思い出ですね。

新聞部で広告集めに才

江副浩正がどんな学生だったかをひとことで表現するなら「イデオロギーなき東大生」でしょ

う。彼は、ほかの東大生とは違う、たいへんユニークな学生だったようです。

まず、入試はふつう英語で受ける人が多いのですが、彼はドイツ語のほうが受かりやすいという理由で、高校で習ったドイツ語で受けています。そして文科二類に合格するのですが、ドイツ語クラスに入ったことが彼には刺激になったようです。英語やフランス語のクラスより、ちょっと変わったクラス仲間が多かったからです。

入学したのは一九五五年。いわゆる六〇年安保闘争の前夜です。彼が課外活動として選んだのは「東京大学新聞社」。ここで広告営業のアルバイトをしたことが彼の人生を決定づけました。新聞部なのに、記者の仕事でなく広告取りの仕事を選ぶ。それも安保前夜という時期ですから、安保改定や岸内閣批判の記事が満載の紙面とは、およそかけ離れています。ところが、このアルバイトの仕事で、たぐいまれなる才能を発揮するのです。

私も大学時代、某クラブに所属して、学園祭のパンフレットを作る費用を捻出するために広告取りを命じられましたから、その苦労は知っているつもりです。それは新入生に課せられたノルマで、前年のパンフレットに広告を出している企業を回って「今年もお願いします」とやるのです。しかし江副さんの発想は違った。あらたに広告主となってくれる会社を新規開拓したのです。そのために彼は何をしたか？

彼は、「一般紙を下から読め」という先輩の言葉を忠実に実行しました。日本経済新聞や朝日新聞といった新聞を下から読む、つまり広告を打っている企業の傾向を調べることによって、今、どんな産業が発展しようとしているのかがいち早く把握できます。まだネット社会ではないのでネット広告はありません。テレビ広告は費用がかさみます。そんな時代の広告媒体は、企業にとっては新聞が一番。社員を採用する場合も、当時の真面目な学生は新聞を読んでいるのが常識でしたから、新聞に募集広告を出せば優秀な学生が獲得できるだろうというわけです。

江副さんは広告取りに懸命で学生運動には目もくれませんでした。東大の女子学生の樺《かんば》美智子さんが国会での抗議デモで命を落としたときも、彼は「やじ馬で国会へ行っただけ」。彼を称して私が「イデオロギーなき東大生」と表現するのも、そういうことなのです。とはいっても、彼には、時代の転換点において時代を見透す眼があったのは確かだと思います。

政治の季節から経済の季節へ

一九六〇年の日米安保条約改定を境にして、日本社会は政治の季節から経済の季節へ転換しました。池田勇人が登場し、高度経済成長と所得倍増を謳いあげます。

衆院選のテレビCMに出てきた池田総理が言いました。「皆さんの所得を十年間で倍にします。私は嘘を申しません」。まだ純情な小学生の池上クンは「不思議なことを言うな」と思いました。総理大臣みたいなエライ人がわざわざ「嘘をつかない」と言うなんて……。大人になって初めて、政治家も嘘をつくことをようやく知りました。

話を戻します。こうして高度経済成長になりますと、「銀行よさようなら。証券よこんにちは」

と大キャンペーンが張られます。貧しかった五〇年代には銀行による貯蓄キャンペーンが張られたものですが、六〇年代、七〇年代になりますと、これからは投資の時代だというわけです。東京証券取引所には上場する企業が次々に現われ、新規株式が公開されます。これを買おうじゃないか、というのが証券の一大キャンペーンです。

ところが、まだ証券会社やその従業員の社会的地位は非常に低く、「株屋」と呼ばれてさげすまれていました。最近も麻生金融担当大臣が「株屋」呼ばわりして物議をかもしましたけれども、麻生さんの意識ではいまだにそうなんでしょう。ともかく、東京大学の学生が証券会社に目を向けるなんてことも、まずなかったし、証券会社の側も東大卒を採ろうという発想がありませんでした。

ところが江副さんは、証券会社を回って「東大生を採用しませんか？　東京大学新聞に広告を載せませんか？」と口説いたのです。ある証券会社が広告を出す。それを持って江副さんは別の証券会社を訪れる。ならばうちも、うちも、ということになったのです。彼は、高度経済成長の波にうまく乗ったとも言えるし、東大ブランドをうまく生かした、ということにもなるでしょう。

こうして、江副さんは月々莫大なアルバイト収入を得るようになり、就職するのがバカバカしくなったのか、一九六〇年三月、そのまま東大新聞専門の広告代理店を作って独立を果たします。今でこそ起業は珍しくもありませんが、当時にしてみれば大変な決断でした。東大での成績は良くなかったようですが、それでも東京大学を出ればそれなりの人生が約束されている。それを投げうって……まあ、ビル・ゲイツだって、ハーバードを中退して一大IT企業を築いたわけですから、江副さんも情報産業の分野でそれをやってのけたということなんでしょう。

情報産業としてのリクルート

広告取りに始まった江副さんが次に始めたのが『就職情報』（現・リクナビ）の発刊でした。学生はいちいち就職課に行って求人情報を見なければいけなかったのを、雑誌にまとめて掲載するようにしたわけです。

ここで江副さんが非凡だったのは、自分の会社は単に学生に就職情報を提供するにとどまらず、情報を扱っているのだと気づいたことです。自分の仕事は情報産業である——。そうなれば、扱うものも就職情報にとどまらない。マイホームを持ちたい人たちに向けて『住宅情報』を、海外旅行をしてみたい人には『AB《エイビー》―R《ロ》O《ー》A《ー》D《ド》』を創刊して、不動産業者や旅行会社を一軒一軒回る不便さを一気に解消したのです。

こうして、今では「えっ、これもリクルートだったの？」というほど多くの情報誌を出すようになったのですが、考えてみれば、これらの情報は、本質的にみな広告なんですね。従来はタダで消費者に届けていた広告が、それを集めて雑誌にすれば有料で売れる——このうまい仕組みを見つけた江副さんは、まさにタダ者ではなかったというしかありません。

不動産事業に目覚める

彼の非凡な才能は、情報の有用さに気づいたことにとどまりません。自社ビルもそう。たとえばソニーなら、「あ、これがソニー製品だよね」と実物を目にすることができるので、ソニーの本社がどこにあってどんなビルか、なんて誰も気にしていません。でも、実体がない、単なる情報を売る会社の場合は、新聞社も広告代理店もそうはいかない。ＮＨＫだって、雑居ビルの一角を借りて放送していたら、そのニュースは誰からも信用が得られないでしょう。こうして彼は西新橋を中心に、自社ビルを次々に建てていくのですが、実は、そこに江副さんにとっての落とし穴が待ち受けていたのです。

リクルートが自社ビルを建てた西新橋は、ＮＨＫの本部がある内幸町とも隣接していました。やがてＮＨＫは渋谷区に引っ越して、その跡地が大変な値上がりをした。するとお隣の西新橋の土地も高騰する。つまり江副さんにしてみれば、自社ビルを持っていたらその地価が突然ハネ上がり、担保価値も高まって金が借りやすくなったわけです。

ここで江副さんは不動産事業に目覚めるのです。次々と不動産を買いあさるばかりか、不動産事業に乗り出す。これが彼を政治家に近づけ、さらにはリクルートコスモスという鬼っ子を生み出すことになるのです。

江副さんの型破りなビジネスが拡大していくと、いきおい政治家たちが彼に目をつけて、政府の審議会や政府の税制調査会に委員として呼ばれるようになりました。政治に近づくと、政治家や官僚が何を考えているかをいち早く察知できます。ここから彼のビジネスがいささか変質していきます。やや語弊があるかもしれませんけれど、ひとりの起業家が政商のような存在へと変わっていくわけです。

彼のちょっと不思議な性向にふれておきましょう。それは、異常なほどの「プレゼント好き」です。

江副さんは、「いずれ日本は食糧難の時期を迎える」と予測して、そのために鹿児島や岩手に農場を作り、リクルートの社員から希望者を募って農作業にあたらせます。そこで穫れたいろんな農産物は、われわれにも配られました。たとえばリクルートが文部省の記者クラブで記者発表をする際に、鹿児島のリクルートファームで作られたサツマイモがドーンと送られてくる。誰もこれを突き返そうなんて考えず、分け合って持ち帰るわけです。

このプレゼント好きが未公開株の譲渡へと行きつくまで、あともう少しです。

土地臨調の場で暗躍

彼の主な活躍の場は土地臨調（土地対策検討委員会の通称）でした。地価高騰を抑えるにはどうしたらいいかと諮問されて彼が答えたのは、国鉄清算事業団の所有する新橋操車場の跡地を売り払えば地価は下がる、というものでした。中曽根内閣では重点施策として国鉄の民営化が行われたのですが、国鉄の抱える膨大な赤字を解消するため、不要になった国鉄の資産を処分するために設けられたのが国鉄清算事業団です。

役人というものは、地価高騰を抑制しようという場合、地価に上限を設けて官僚の力でもって抑制しようとするもの。それを管轄するのは国土庁です。この国土庁のやり方に江副さんは異を唱えるのですが、いくら反対しても押し切られそうになる。ここでビジネスマン江副の本領が発揮されます。

そもそも土地の供給に比べて需要が多いから地価が高騰するのです。供給を増やさずに地価の上限を定めたりすれば、大規模開発なんてとてもできなくなる。なぜなら、上限以下におさまるように土地を切り分けて売ろうとするから、東京都内での大規模開発はできなくなるわけです。しかし需要はなくならない。そこで何が起こるかというと、東京郊外、あるいは地方に供給を求めるようになるから、東京周辺の地価が上がるはずだ――江副さんはこう考えて、「周辺の土地を片っ端から買い漁れ」と指令を発します。すると、思惑通りたちまち地価がどんどん上がっていったのです。

非常に優れたビジネス感覚ですね。そうやって彼が利益を上げられたのは、元をただせば土地臨調の政府委員になって、そこで得た情報をビジネスに生かせたからです。違法なことはしていません。ただ、そうやって政治家との交友が深まって、彼のプレゼント好きが嵩じた結果、未公開株の譲渡という行為に手を染めてしまったわけです。

犯意はあったのか？

英語で「株を上場する、公開する」ことを「go public」と言います。未公開の段階では、発行した株は親族や知り合いにとりあえず買ってもらうことから始まるのですが、公開するとなると、証券取引所で誰もが自由に売買できるようになるわけです。このときに、会社というのはプライベートからパブリックなものになる。だから「go public」なのです。

しかし、一気に公開するわけではありません。まず店頭銘柄――証券取引所でなく証券会社の店頭でのみ取引される株式――のかたちで上場するのです。この場合は株主が二百人以上いればいいのですが、親族や知り合いだけでは足りないので、何とか伝手をたどって株主を広げようということになる。そのとき江副さんは、それまでにお世話になった財界人や政治家たちに「恩返し」として株を贈りました。

問題は、この店頭銘柄の時点ですでに、本格上場するとリクルートコスモス株は相当高く売れるぞ、と証券業界でささやかれていたことです。そうなると、単に善意の「恩返し」ではすまされず、犯罪になりかねません。ただし、プレゼントする時点で江副さんに「これは賄賂になる」との認識、つまり犯意があったのかどうか。

江副さんが故人となった今では、その真意をはかり知ることはできません。ただ、この事件の直前、職務権限のある人間に未公開株を譲渡して、それが賄賂として認定される裁判の判決があったのです。江副さんの犯意はともかく、神奈川県警あるいは東京地検が捜査する意思を固めたのは、この前例があったからだということはいえるでしょう。

結局彼は懲役三年、執行猶予五年の判決を受けます。判決前に所有するリクルート株はダイエーに売却し、自らはすべての役職を下りて、そのあとは投資家として生きるのです。

新聞にとってのリクルート事件

リクルート事件で世の中が大騒動だった一九八八年、竹下内閣は翌年四月からの三パーセント消費税の導入をもくろんでいました。世間一般にしてみれば、新たな税金を取られようというときに、政治家たちが未公開株で濡れ手で粟とはけしからん。こうした世論を新聞も当然あと押しします。

世論とメディアの激しい追及にあって、竹下内閣は消費税法成立とひきかえに総辞職をするのですが、ただし、今から冷静に見ると、新聞とリクルートとのあいだには特別な関係があったことが分かります。

というのも、新聞社にとってリクルートはとんでもない商売敵でした。なぜなら、それまで新聞広告のドル箱だった求人情報が、根こそぎリクルートに取られてしまったのですから。「リクルート許すまじ」これが新聞社の経営陣に共通の思いであったとしても不思議ではありません。

これは紙面にどう影響したかは分かりませんが、未公開株は日本経済新聞社の社長にも渡っていました。そもそも経済情報を扱う新聞なわけですから、社員も経営者も株の取引をしてはいけないはずなのに、なんと社長がもらっていたのです。

罪をまぬがれた政治家たち

政界では、未公開株をもらいながら「秘書が」「妻が」と言って逃げおおせた人が大半でした。渡辺美智雄、加藤六月、加藤紘一、民社党委員長だった塚本三郎、さらに中曽根康弘、宮澤喜一、安倍晋太郎という大物たちもいました。でも、いずれも罪に問われることはなかった。罪に問われたのは藤波孝生《たかお》元官房長官と、公明党の池田克也衆院議員の二人だけでした。

雑誌『潮』の元編集長だった池田議員は事件で離党、議員辞職をしましたが、懲役三年・執行猶予四年の有罪が確定しています。

中曽根内閣の官房長官をつとめた藤波議員は、同じく懲役三年・執行猶予四年の有罪が確定して自民党離党に追い込まれました（後に一時復党）。地元が伊勢で赤福餅が大好きで、人柄もよく、いずれは総理大臣にと言われていた大変な文人、インテリでしたが、晩年は寂しい人生を送り、二〇〇七年に亡くなっています。

リクルート事件なかりせば、と考えてしまいます。藤波総理大臣がいずれ誕生していたら、世の中ずいぶん違っていたのかもしれない、と、ついついシミュレーションをしてみたくなってしまうのです。リクルート事件って何だったんだろう。

私は断れただろうか？

じつは、メディア関係者まで未公開株をもらっていたと知って私は考えてみました。もし自分だったらどうしただろうか？

たしかに、文部省を担当していたときは日本リクルートセンターの広報の人たちと非常に仲良くなり、届けられたサツマイモを記者仲間で分け合いました。あれくらいはいいかも知れない。だけど、もし江副さんと面識ができて、私に未公開株を持ってほしいとオファーがあったらどうしたでしょう。私には職務権限はありません。もちろん記者のモラルには反するとしても、法律に反することではないのです。さあ、そのときに、果たして自分はきっぱりと断れただろうか？

それ以降、いろんな人に取材をし、いろんなところを取材しましたけど、リクルート事件があって以後は、プレゼントなどの誘惑からは一歩距離を置くようになりました。事件をきっかけに、そうやって自分を律するようになったのです。

というわけで、リクルートの江副さんに何があったのかを、あくまで私の解釈においてお話ししました。大変優秀なビジネスマンだったのが、途中から、ある種の政商になっていった人。あるいは、最初のうちは若い社員からも「江副さん」と呼ばれて、みんなの意見を聞ける存在だったのに、いつしか、とてつもない独裁者になっていった人。この、誰も逆らえない遠い存在になっていくというのも、いろんな経営者によくあることです。

江副浩正という人は、戦後の歴史に残る人物でしょう。二〇一三年に七十六歳で亡くなってしまいますが、なかなか簡単に一刀両断できない。これがまた彼の存在の意味であり、ある種の人間的魅力であったのかなというふうに思います。

このあと、質疑応答の時間を取ろうと思います。取りあえず私の話はここまでということで。

ありがとうございました。（拍手）

Q＆Aコーナー

質問者Aさん　池上さんは、江副さんには贈賄だという意識がそんなになかったのではないかと個人的に考えてらっしゃるそうですけれども、その根拠を少し具体的にお伺いできますか？

池上　江副さんは昔から「贈り魔」でして、とにかくお世話になった人にはいろんなものを贈りたがったのは事実でしょう。それと、彼はスカラシップ、つまり育英の奨学金制度を作る。儲けたお金を若者たちに贈って社会に還元しよう、そういう意識を持っていたことも事実なんです。

そうした外形的な事実を見ると、未公開株を配る際に、果たして犯意があったのかどうか分からないよね、ということなんです。でも、後になってみれば、これは明らかに犯罪を構成するということになったのも事実です。ご本人はすでに亡くなっていますし、本も書き残してはいますけど（『リクルート事件・江副浩正の真実』二〇〇九年）、本人の書くものは自己の正当化であることも多いですからね。

結局、奥歯にものが挟まったような言い方しかできないんですけれども、事実をつかむことの難しさ、恐ろしさが分かれば分かるほど、その言い回しは慎重にならざるを得ないということです。よろしいでしょうか。

質問者Bさん　自民党の政治家では藤波さんだけが有罪となってしまった原因は何だと思われますか？　中曽根さんや宮澤さんも受け取ったはずですけれども。

池上　はっきり言って分かりません。藤波さんは中曽根さんの罪を全部かぶったのではないかと多くの人に言われました。中曽根内閣で官房長官として番頭役のような位置にあって、中曽根さんに殉じるかたちで責任を取ったんじゃないかと。でも、実際の証拠は何もありません。まあ、検察には、立件しやすくストーリーが作れるような人は起訴にもっていく、というところはあります。あるいは、総理までやった人を今さら、という忖度が働いたかもしれない。いずれにしても分かりません。

Bさん　江副さんは晩年、投資家として、やや悪辣なとでも言えそうな株投資をしたとも聞くんですが、そんな噂はどうなんでしょうか？

池上 いま「悪辣」とおっしゃいましたけれど、空売りのことですよね。でも、空売りって違法でもなくて、「信用売り」として認められているんです。

これは私の単なる推測なんですが、株の上場によって身の破滅を招いてしまったことに対する恨み、証券業界あるいは株そのものに対する恨みが彼にはあって、その株でもって報復したいという思いがどこかにあったのかもしれません。それが空売りという投資行動となって表れて、一部に「ハゲタカ」とまで言われたんじゃないか。

彼がリクルートを追われたのは、まだ五十代ですよ。そんな働き盛りで、手塩にかけて育ててきた会社を去った。しかし、自分はまだまだやれる。自分がビジネスで得てきた知識を生かせるのは、株の投資だと考えたのではないかと思います。まあ、それも彼が故人となった今では推測にすぎないのですが。

質問者Cさん じつは私、『とらばーゆ』（一九八〇年創刊）で仕事をしていたことがありまして、江副さんのスピーチを聴くこともしょっちゅうありました。その中で、「就職差別——同和問題のことだと思うんですけれども——それを私は許せない」「仕事の選択の自由が失われた社会は生きていけない社会だ」というのをすごく覚えています。実際、あの頃から身上書というものがなくなりましたよね。『とらばーゆ』でも『就職情報』でも、営業マンが企業から広告をとるときに、身上書を要求する企業には「それなら載せられません」と説得したからです。そんなことを考えると、江副さんは犯罪者になりましたけど、じつは、いい人なんじゃないかと……。

池上　江副さんの人柄の一端を物語る、大変いいお話をありがとうございます。就職差別がなくなっていったのには、江副さんの力が大きかったんだろうなとは思います。

ただ、人間をいい悪いで断定はできないと思いますよ。江副さんだって、いい取り組みをしたのは明らかですけれども、カリスマ経営者になってからは社員から疎まれるようになったし、犯罪者の烙印を押されることになったのも事実なわけですね。人間ってそういうものなんだろうと思います。

女性の就職差別でいえば、男女雇用機会均等法ができてから大きく変わりました。私の大学時代のクラスに大変優秀な女性がいまして、私は彼女のノートを借りて卒業できたようなものなんですけど、彼女が就職活動をしていた一九七二年頃、就職課に行って求人票を見ても、募集されているのはみんな男性ばかりだったそうです。たまに「女子も可」というのがあったけれども、「ただし容姿端麗であること」って。驚くでしょう。そういう時代だったんですよね。

今からは信じられないことですけど、大企業が就職内定を出すときは興信所を使って身元を調べ上げた。学生運動が盛んでしたからね。「近所に興信所が来て、いろいろ聞き込みをしていたわよ」と知らされると、ああ、内定したなと分かる、そんな時代でした。江副さんはそういう社会で就職差別、女性差別に取り組もうとした。このことは大きいですね。

江副さんが検察から狙われたのは、さまざまな規制を突破して秩序を破壊する異端児であったからでしょう。既成秩序の破壊者はどうしても狙われやすい。ホリエモン然り、村上世彰然り。いずれも有罪になっていますけれども、みな、稀代の風雲児としてさまざまな規制に風穴を開けたこともまた事実だと思います。

第3回

小泉純一郎

断言する〝変人〟政治家

「自民党をぶっ壊す！」
「私に反対するのは全て抵抗勢力」
キャッチーなワンフレーズで
大衆の支持を摑んで離さなかった
小泉純一郎という〝変人〟政治家。
様々な改革を成し遂げましたが、
現在、多くの人を苦しめる
状況を生んだこともまた確かです。

小泉純一郎

こいずみじゅんいちろう　政治家。一九四二年、神奈川県生まれ。祖父の代から政治家の家系。慶應大学卒業後、英国留学を経て福田赳夫の秘書に。七二年に初当選し、大蔵族の道を歩む。七八年に結婚するが四年後に離婚（政治家の進次郎は次男）。二〇〇一年に首相就任。官邸主導の政治を牽引し、郵政民営化などを実現。〇六年に首相を退任、〇八年に政界を引退後は反原発を訴える皆さんこんばんは。暑い中をお越しいただきましてありがとうございます。

この授業の通しタイトルは「〝戦後〟に挑んだ〜」というものですが、人によって挑み方にもいろいろあります。小泉純一郎という人が挑んだ戦後って何だろうか？

彼は、郵政改革のように、戦後にかたち作られ、それが当然と思われていたものに対して異議を申し立て、それに反対する者は抵抗勢力だとして斬り捨ててきました。そうした手法には毀誉褒貶もありますが、やはり「戦後に挑んだ」と言えるのではないか。

彼は高い支持率を得ました。演説が非常に巧みだとも言われました。あるいはポピュリズム政治家なんていう言い方もされました。その高い支持率によって、いわゆる官邸主導型の政治を実現したのです。

そして今、安倍さんがそれに似たことをやっていますが、少し違っているところもあります。それは、首相が強い力を持ったがために、官僚たちが「忖度」する場面が多々見られるようになったからです。安倍さんは小泉さんの遺産を使っているのか、それとも食いつぶしているのか。これから子細に見ていくことにしましょう。

ワンフレーズの源泉は？

実は先日、小泉さんご本人と対談をいたしました（註1）。会ってみて、この人は語彙――ボキャブラリーの少ない人だなと思いました。彼はよく一言で物事を表現しますよね。難しい言い回しはせずに印象的なワンフレーズで片付けたり、主語と述語だけだったり。例の大相撲を観戦したときに発した「感動した」の一言もそうでした。

この、非常に短い言葉でもって自分の政策なりメッセージなりを国民に届けることを「ワンフレーズ・ポリティックス」と呼びます。しかし小泉さんの場合は、語彙が少ないがゆえなのかな、トランプさんのツイートとも相通じるところがあるのかなと、対談のときにふと思ったんです。なまじ語彙が豊富にあると、ついつい難解な言葉を使ったり、技巧に走ったりして、相手の心には届かないものです。その点、彼はたぐいまれなる天性によって、語彙の少なさをプラスに転化させた人ではないのか。

ちょっとブラックな言い方になってしまいましたけれど、小泉さんはその話術をどこで会得したのでしょうか？　私のこの質問に、

「父親が結婚式から帰ってくるたびに『今日の主賓のあいさつは長かった』……そればかり聞かされてきたもんだから、どうすれば短く簡単に伝えることができるのかを、自分なりにひたすら研究してきたんですよ」

父親というのは小泉純也さん。防衛庁長官をつとめた政治家でした。

現在の純一郎さんは悠々自適の生活で、五時前には必ず目が覚めてしまうとか。それから二度寝をする。午前中は一切仕事を入れないそうです。普段は、月に四回ほど反原発集会に呼ばれて反原発論をぶってくる以外は、オペラに行ったり歌舞伎に行ったり映画に行ったり、本当に優雅

な暮らしぶりです。

　たった一人で対談場所である文藝春秋の社屋に現われて、終わったらたった一人で去っていく。秘書のような人間もいない。これはかっこいいなと思いました。

――（註1）「週刊文春」二〇一八年八月十六／二十三日夏の特大号に掲載。

小泉旋風の正体

　あの小泉旋風とは一体何だったのか、彼が現役のときの仕事を一つ一つ点検していきましょう。

二〇〇一年、森喜朗内閣の退陣を受けて行われた総裁選での彼のワンフレーズ、皆さん覚えてらっしゃいますよね。「自民党をぶっ壊す！」――。自民党員でありながら、自民党をぶっ壊すってどういうこと？　誰しも首をかしげたはずです。でも、既成秩序をぶっ壊そうとする破壊力だけは何となく伝わってきて、その破壊力に期待を寄せた人も少なくなかったはず。現に小泉さんは、最大派閥を率いる橋本龍太郎を打ち破って総理にのぼりつめたのです。

　実は、あの言葉の前後の文脈を見てみると、こうです。

《もし改革を断行しようとする小泉を自民党がつぶそうとするのならば、その前にこの小泉が自民党をぶっ壊します》

　お分かりですか？　その後段だけが切り取られて独り歩きしたのであって、自分をつぶそうとするならそれに反撃するぞ、と言ったにすぎません。この誤解によって彼の破壊力に期待した人たちがいっぱいいた。それが小泉フィーバーの正体ではなかったのか。

総理就任、そして田中眞紀子劇場

あの頃はちょうど二十一世紀のとば口に立った頃で、人々は、世界はどうなるんだろうといった期待と不安を抱えていました。と同時に、日本の政治に対する閉塞感を感じてもいました。橋本龍太郎、小渕恵三、森喜朗と首相がつづいて、政治がちっとも前に進まない。そこへ登場したのが小泉さん。これをみんな、拍手喝采で迎えたのです。

小泉さんにとって、二〇〇一年の総裁選は三回目の挑戦です。誰もが「あんな変人が総理大臣になれるわけないよね」と言っていたのに当選しちゃった。ドナルド・トランプが当選したときとオーバーラップしますよね。今のアメリカ社会を覆う空気感は、あの頃の日本とも相通じるような気がするのです。

とりわけ小泉総理誕生に大きな力を添えたのが田中眞紀子さんです。「凡人・軍人・変人」という、彼女による寸評は卓抜だった。凡人というのは小渕恵三元総理のこと、軍人というのは梶山静六元幹事長、そして変人が小泉純一郎。この、いかにも奇抜なネーミングが、彼女の絶大な人気と相まって小泉さんを総理に押し上げたのです。

こうして誕生した「変人総理」小泉さんは、眞紀子さんを論功行賞で外務大臣に据えました。もちろんその狙いは論功行賞だけではありません。

当時の外務省では、機密費流用事件（註2）が世間を騒がせていました。機密費を使って競馬の馬主になっていた外務省職員がいたりとか、とてつもない無駄遣いが次々に明るみに出てきたのです。腕力のある眞紀子さんを外務大臣にすれば、それらをすべて掃除してくれるだろう……それが小泉さんの狙いだったわけです。

（註2）**外務省機密費流用事件**……二〇〇一年読売新聞の報道をきっかけに、元外務省要人外国訪問支援室長だった松尾克俊が内閣官房機密費を詐取したとして逮捕される（七億円を詐取したとされ、懲役七年六ヶ月）。駐米、駐英大使も更迭され、多くの職員が処分された。

田中眞紀子の暴走

ところが裏目に出ました。たとえば「まぼろしの指輪紛失騒動」――。眞紀子さんは、指輪がなくなったと大騒ぎして秘書官を盗っ人呼ばわりし、否定されると「じゃ、同じものを買ってきなさい」。外務省には機密費があるでしょ」。そして銀座まで同じ指輪を買いに行かせたところが、帰宅してみると、ちゃんと指輪はあった……。実にばかばかしい騒動です。

ばかばかしいでは済まされないのが、二〇〇一年九月十一日の事件でした。この日、アメリカ同時多発テロが起きました。内閣が緊急招集されたのですが、田中眞紀子さんはずいぶんと遅れて到着した。実は彼女、かねてから外務省の部下に「どんなことがあっても夜、私を起こすんじゃない」と命令していたんです。

その言いつけを守った外務省の部下たちも情けないですよね。こんな事態が起きたら起こさなきゃいけない。起こさなかったのはひたすらいじめられ、うんざりしていた彼らの意趣返しでしょう。

まだあります。このとき、ホワイトハウスはテロの再発に備えて臨時に場所を移しました。その仮の移転先を眞紀子さんが記者たちの前でペロッとしゃべっちゃった。「スミソニアン博物館の会議室に移します」と。あってはならないことです。次のテロの標的にならないよう、わざわざ別の場所に移したというのに‼

さすがに、たまりかねた小泉さんは彼女を更迭しました。すると内閣支持率は、一時七十〜八十パーセントもあったのに、途端に四十パーセントに落ちたのです。

まだまだ語ることはありますが、この授業は田中眞紀子論ではないのでやめておきます。

遺恨で郵政民営化？

田中眞紀子更迭の直後こそ小泉内閣の支持率は下がりましたが、またやがて回復してきます。そうして本腰を入れだしたのが、大蔵政務次官のときから言いつづけてきた郵政の民営化でした。

そもそも小泉さんはなんで郵政民営化を思いついたのか。「一回目の選挙で落ちたときの恨みのせいだ」――こういう話がけっこう広まっているのです。

慶應の経済学部を出てロンドンに留学。ご本人も言うように留学とは名ばかりで、ひたすらミュージカル鑑賞に明け暮れた遊学だったようですが、一九六九年八月に父・純也さんが急死します。急遽、地元の横須賀に呼び戻されて暮れの総選挙に出馬するも落選。でも、全国の落選者の中で最多得票数をとったのが純一郎さんでした。

当時はまだ中選挙区制でしたから、自民党から複数候補が出ていたのですが、彼がアテにしていた特定郵便局長たちは同じ自民党のライバル候補を応援してしまった。これが敗因だとして、このときの恨みを彼は持ち続けたという説です（特定郵便局長については後述）。

ある種の都市伝説かも知れませんけど、遺恨が郵政改革を生んだとなれば面白い話であることは間違いありません。

日本を考えるために大蔵委員会

小泉さんという人は、そんな小さい人間じゃない、という人もいます。

彼は政治家には珍しく裏表がない人です。悪くいえば薄っぺらだということにもなりますけど、とにかく裏表がない。彼の場合、政治家はまず日本の国のことを考えなければいけない、というのが持論で、最初に国会議員になったとき、こう考えました。

「日本全体のことを考えるには、予算のことを知らなければいけない。そのためには大蔵委員会

（現・財務金融委員会）を希望しよう」

その通りに所属した大蔵委員会で財政の勉強を重ね、当選三回目で大蔵政務次官に取り立てられます（政務次官というのは大臣につぐナンバー2で、今は役職名が副大臣ないしは政務官に変わっています）。こうして大蔵族となった小泉さんは、大蔵省の役人から徹底的に「大蔵省の論理」をたたき込まれて、郵便局の内情にも強くなります。郵便局が郵便貯金や簡易保険というかたちで資金を抱え、それがいかに無駄な使われ方をしているかまで見抜いて、これがのちの郵政改革の伏線になるわけです。

今、彼には裏表がないと言いましたけど、彼の強みは、政治献金の類を一切受け付けなかったことです。よけいな陳情も飯島秘書官に全部断わらせました。それを続けるうちに有権者も「あぁ、小泉さんはそういうものを受け付けないんだ」と学習します。有権者に媚びないでいると、それが有権者教育になっていくわけです。

彼にそれができたのは、なんといっても三世議員だったからでしょう。彼は純也さんの息子であり、純也さんは戦前の逓信大臣・小泉又次郎の女婿です。これだけの家系に生まれると、地盤・看板・カバンの三つとも、すでに備わっているので、苦労して資金集めをしないで済むのです。その反対の例が田中角栄さん。徒手空拳でのし上がってくる際には、時に無理をしてでも金を集めなければいけません。その無理が祟って「総理の犯罪」に手を染めてしまったのです。

小泉・竹中路線で格差拡大？

ちょっと誉め言葉がつづきましたが、彼への批判ももちろんあります。

小泉・竹中路線の新自由主義的（註3）な政策で、国民の間に格差が広がったじゃないか、という批判もそうです。小泉さん本人が、「格差が広がっても致し方ない」と言い放ったこともあるのです。彼にしてみれば、競争において、頑張った人が成功して頑張らなかった人が駄目になるのは、ある意味しょうがない、という意味になるのでしょうけれど、これは非常に冷たい言い方に聞こえます。「あんたはいいよね。政治家の家に生まれて恵まれてるから」と言われる余地があるからです。

でも、この格差については、実はいろんな議論があるのです。

まず、小泉さんの味方をするなら、社会の高齢化が進んでくると格差が広がりやすい、という現実があります。貧富の差が開いてくるからです。

それと、ジニ係数というのがあります。社会における格差の度合いをゼロから1の数字で表したものですが、日本の社会の場合、高度経済成長時代は一億総中流でジニ係数は低かった、つまり格差は小さかったのが、その後ジリジリと上がっています。小泉さんの政策によって一気に上がったのではなく、少しずつ上がって来ているのです。

あるいは、新自由主義的な政策は、実は橋本龍太郎さんの頃から始まっています。「フリー、フェア、グローバル」の三原則に基づいて行われた金融システム改革「ビッグ・バン」にしても、橋本内閣が始めたものです。したがって、格差の広がりも「小泉以前」にすでに始まっていたのです。

小泉内閣以降、「格差」を印象づけたのが、二〇〇八年のリーマンショックのあと、突如、日比谷公園に出現した「年越し派遣村」でしょう。派遣切りに遭った人たちが行き場を失ってホームレスとなり、炊き出しを求めて行列を作ったのです。

派遣労働は、それまではＳＥやプログラマーなどの職種に限られていましたが、小泉・竹中路線の下で工場労働者までもが派遣労働者として認められ、いわゆる「雇い止め」のかたちで職を失うと同時に、住んでいた社宅からも追い出されるケースが増えてきました。これは間違いなく小泉さんの「負の遺産」と言えるだろうと思います。

（註3）**新自由主義**……個人の自由や市場原理を重視し、政府による個人や市場への介入は最低限にすべきとする考え方。「価格統制の廃止、資本市場の規制緩和、貿易障壁の縮小」を提唱する。社会全体の富を増大化させ、中間層・貧困層にも行き渡らせることが出来るとしていたが、現実には却って富が集中し、貧富の差を広げるという批判がある。

官邸機能の強化の果てに

小泉さんは、総理の力を強くして政策を行なうために官邸の機能を強化しようと、さまざまな手段を講じました。いくつかありますので、事項ごとにお話ししようと思います。

〔経済財政諮問会議〕

大統領的な強権を持つことができるようになった一番の要因は、「経済財政諮問会議」を設けたことです。これは総理大臣の諮問機関であり、議長も総理。ほかに官房長官や関係大臣、それに民間有識者らがメンバーとなっています。

この会議も、橋本内閣が霞が関の省庁を統廃合したときに構想されていますが、これを官邸の機能を発揮できるように効果的に活用したのが小泉さんであり、会議に課せられた役割は「骨太の方針」を策定することでした。

例年、予算案を作成するため財務省は各省庁に「概算要求」を出すように求めます。ところが、実はそれより以前、前年の夏頃に財務省は「概算要求基準」なるものを作っておいて、「この基準に沿って概算要求を出しなさい」と通知するんです。ここに財務省の力の源泉があるわけです。いや、正確にいえば、あったわけです。

大蔵族の小泉さんはそれをよく分かっていたものですから、財務省が概算要求基準を作るよりも前の六月に、経済財政諮問会議を舞台に「骨太の方針」を出しちゃった。財務省に対して「国の予算を決めるのは財務省じゃなく政治家、この私なんだよ」と。

こうして小泉さんは、財務省の力の源泉を経済財政諮問会議に移し替えることに成功したのです。

〔官僚人事〕

今、安倍内閣で目立つのは、安倍総理あるいは菅官房長官が、霞が関の官僚人事を一手に掌握して物事を決めていること。こうなれば、官僚たちが誰の方を向いて仕事をするのか分かりきっていますよね。こうして「忖度」が生まれる構造になっているのです。

この構造を最初に効果的に使うようになったのが小泉さんです。森友問題のように「忖度」が安倍政権に目立っているのは、その効果の負の部分が今になってじわりと効いてきた、ということなのでしょう。

でも、考えてみれば、政治主導——行政にたずさわる人間には政治家と官僚がいて、官僚が政治家に従うのは当然すぎるほど当然です。官僚は選挙で選ばれたわけではないので、国民の意思を代表しないからです。

政治主導は当然だとしても、小泉さんの場合はそれを、いわゆる抵抗勢力を抑えるのに使ったのです。総務省なら総務省、国土交通省なら国土交通省の改革をやろうとするときに、官僚たちの抵抗力を削ぐために人事を駆使したのです。

権限の強化された総理の周りには、いろんな人たちがアリのように群がってきます。奥さんに頭が上がらなかったり、ごく親しいお友達がいたりすると、本人の意向に関係なく政治がゆがめられてしまうこともあるでしょう。小泉さんは離婚して奥さんがいなかったし、お友達もそう多くはなかったので、それは杞憂だったのでしょうけど。

ハンセン病訴訟で鶴の一声

官邸主導ってこういうことか、と多くの人々をうならせたのが、ハンセン病訴訟に対する小泉さんの対応でした。小泉内閣スタート直後のことです。

ハンセン病患者については、遺伝だとか伝染だとかの誤解・無理解がありました。かつて、「らい予防法」という法律によって患者が隔離されるという悲惨な歴史もありました。この法律が廃止されたのは、ようやく一九九六年のことです。

二〇〇一年五月、そうした差別に対して患者たちが国家の責任を追及した訴訟で、原告側が勝ちます。ただし、判決には法律的に問題のある部分が見受けられるとして、当時の厚生労働省は控訴で応じることにし、政府としてもそれでまとまりかけた矢先、小泉さんが「いや、控訴はしない」と決断したのです。

このとき、「そうか、総理が決断さえすればできるんだ」ということをみんなが知ったわけです。

今、小泉さんが「原発をやめろと総理が言えばできる」と言うのは、たぶんあのときの成功体験から来ているのでしょう。

郵政民営化はまやかしか?

さて、ふたたび郵政民営化です。

小泉さんが街頭でこう叫んだのを覚えてらっしゃいますか?

「皆さん、郵政民営化で国家公務員を二十四万人減らすことができるんですよ!」

あれを聞いて、「へえ、二十四万人も減らせるのか。それだけ国のムダが削減できるんだ」と受け止めた人が大勢いたはずです。

当時、確かに郵便局の人たちは国家公務員でしたけど、私たちの税金で給料が支払われていたわけではなく、郵政事業で稼いだお金でまかなわれていました。郵政事業というのは独立採算制になっていたからです。だから小泉さんも「国の財政負担が減る」とは言っていません。そこまで言うとウソになるから「国家公務員の数が減る」としか言わない。

郵政改革に関してはもう一つ、誤解を招きそうな言い方をしています。「郵政改革のためには財政投融資の改革が不可欠なんだ」と。

さあ、財政投融資って何でしょう? 私と同じかそれ以上の年配の方は覚えてらっしゃると思いますが、郵便貯金の金利は市中銀行預金の金利より、つねに高く設定されていました。郵便局のほうが金利がいいからと、多くの人が郵便局に貯金をするためにせっせと足を運びました。郵便局に預けられたお金は財務省理財局の資金運用部に渡されます。財務省はそのお金をいくつかある特殊法人に貸し付けるわけです。道路公団だったり住宅公団だったり、あるいは政府系金融機関だったり。そしてそれぞれの事業で上げた収益から、金利を高く設定した郵便局に、その金利差額分を戻してあげる仕組みです。

ここに、いわゆる逆ザヤが発生します。

財務省としては、郵便局には高くした金利分を返さなければいけない。でも、特殊法人には低い金利で貸す。すると、特殊法人としては財務省が低金利で貸してくれるわけですから、自分で稼ごうとか、何とか収益を上げようという気が起こらない。こうして、極めて非合理的な、経済的に成り立たない事業がずっと行われていました。

この、極めて非合理的な仕組みを「財政投融資」というのですが、小泉さんがこれに目を付けたところはさすがです。さすがなんですけれど、実は橋本内閣のときすでに、財政投融資の仕組みは打ち切られていました。各特殊法人は自分で金を集めろ、自力で収益を上げろ、というふうに変わり、各特殊法人はそれぞれ独自の社債を発行するようになっていたわけです。にもかかわらず、「郵政民営化のためには財政投融資の改革が不可欠」という言い方をするのは、ちょっとミスリーディングですよね。

特定郵便局長たちの涙

郵政民営化で悲哀を味わったのが、全国各地の特定郵便局長でした。彼らの力が削ぎ落とされたからです。

そもそも、特定郵便局というものは明治の初め、前島密の時代に前身が作られました。全国津々浦々に郵便局を作るため、それぞれの地元の有志に土地や建物を提供させ、その提供者を国家公務員として採用するかたちで全国に広げていったのです。結果的に特定郵便局長となった人たちは、日本社会にある「国家公務員のほうが民間人よりもずっと偉い」という意識の中で、ある種のステータスを得ていきました。

この人たちが自民党の大票田となりました。国営ともいうべき郵便局のネットワークがあって、そこで働く郵便局員が選挙の際に手足となって活動することで、自民党の盤石の体制が出来上がったわけです。小泉さんはそこをターゲットにしたのです。

ですから、郵政の改革という本来の趣旨から外れていた点では「?」マークが付いてしまうのですが、当時の日本社会の「官は民よりも上」という意識を、「いや、民間だからこそいろんなことができる」というふうに変えたそのインパクトが非常に大きかったのは間違いありません。

禁じ手を使って郵政解散

最も驚いたのは、衆議院を通った郵政民営化法案が参議院で否決されたところ、小泉さんが衆議院を解散してしまったことでした。こんなことがあっていいのか、と誰しも思ったでしょう。これが衆議院で否決されたのなら、その衆議院を解散して民意を問い直すのは理解できます。しかし、参議院で否決されたのになぜ衆議院を解散するのか？

そもそも参議院というのは、衆議院で決めたことが是なのか非なのか、独自の立場で判断するところに存在意義があるのです。「参議院は解散しようにもできないから、じゃあ衆議院を解散しちゃえ」というのは、憲政の常道からして禁じ手。憲法の規定上もできないはずです。

それにしても「衆議院を解散する！」と会見で言ったときの小泉さんの鬼気迫る迫力といったら……あの迫力にコロリと参った人も多いのではないでしょうか。この政治家、命を賭けてやろうとしてるんだ。よく分かんないけど支持しちゃおう、みたいな。

小泉さんは、郵政法案に反対した現職自民党議員の選挙区に、ことごとく「刺客」を立てました。この時いち早く手を挙げたのがあの小池百合子さんでした。兵庫県から東京十区へ現職議員への刺客として馳せ参じたのです。このとき小泉さんが何と言ったか。「ウーン、度胸があるな。愛嬌もあるけど」。これ、今ならセクハラですよね。

以上が二〇〇五年九月十一日の「郵政解散選挙」といわれるもので、小泉さんが圧勝したのは言うまでもありません。

北朝鮮外交は頓挫

二〇〇二年九月、小泉さんはいきなり北朝鮮を訪問して、拉致問題を当時の金正日総書記に認めさせ、拉致被害者五人が日本に帰りました。二年後に再び訪朝して拉致被害者の家族を取り戻すこともできた。あれは小泉さんの最大の功績と言ってもいいでしょう。

ただし、その後はまったく進展していません。拉致された人数は、日本政府が認定しているだけでも十七人、北朝鮮の関与が疑われる失踪者も含めると、一説には千人近くにも上るといわれているのに、一向に解決しないのです。安倍さんは事あるごとに「完全解決を」と言いますが、何をもって完全解決とするのか、はなはだ曖昧です。

二〇〇二年の日朝交渉のあとに発表された「日朝平壌宣言」。ここに、両国は何を約束したのかが記されています。私は、そこを押さえておかないと、拉致問題も何も一歩も動かないと考えています。この平壌宣言がスタート台になるのです。

宣言文の第二項にこう書かれています。

《日本側は、過去の植民地支配によって、朝鮮の人々に多大の損害と苦痛を与えたという歴史の事実を謙虚に受け止め、痛切な反省と心からのお詫びの気持ちを表明した》

つまり、日本はここで北朝鮮側に正式に謝罪をしているんです。つづけて、

《双方は、日本側が朝鮮民主主義人民共和国側に対して、国交正常化の後、双方が適切と考える期間にわたり、無償資金協力、低金利の長期借款供与及び国際機関を通じた人道主義的支援等の経済協力を実施し……》

金額には触れていませんが、その前に金丸信訪朝団が「いずれ国交正常化となれば（経済協力の金額は）まあ、一兆円かな」と口走っています。ということは、北朝鮮は「一兆円は取れるぞ。あれから十六年は経っているから、一兆円ぽっちじゃ済まないよね」と考えているはずです。

これは日本に課された宿題であると同時に、これをテコに使って日朝関係を動かすことだってできるでしょう。私が、平壌宣言がスタート台だというのもそういう意味です。

イラク派遣――非戦闘地域とは？

小泉さんは二〇〇三年、自衛隊をイラクに派遣しました。自衛隊は自衛のためのもの、けっして海外に出て戦争はしないと決めた日本ですが、まずＰＫＯ（国連平和維持活動）によって内戦後のカンボジアに派遣されました。地上部隊が戦後、戦闘地域に派遣されたのは、このイラク派遣が最初です。これは国連主導のＰＫＯではなく、あくまでブッシュ政権に協力をするかたちで派遣されたのです。

もちろん、縛りは掛けられていました。その一つが「自衛隊の活動は非戦闘地域に限る」というもの。国会で野党に「非戦闘地域とは？」と追及された小泉さんは、「自衛隊が行くところが非戦闘地域だ」と、唖然とするような論理を披露しました。ああいう非論理的な答弁を許してしまった結果、今も国会で理屈も何もない答弁が次から次へと繰り出されているのです。

のちに陸上自衛隊の「イラク日報」が見つかって、そこには、自衛隊の隊員たちが、小泉さんの言う「非戦闘地域」で相当危険な目に遭っていたことが克明に記されています。全員無事に帰れたのが奇跡のような状況だったと判明したのです。

イラク派遣で小泉さんは戦後の国家安全保障、あるいは自衛隊のあり方に挑んだのは間違いありません。でも、これまた「?」マークの付く挑戦だったのではないでしょうか。

原発廃止への道筋

この前の対談で私は訊いてみました。総理大臣のときに策定されたエネルギー基本計画、あれで日本は原子力発電をベース電源としていくと決めたのでは? と。そうしたら一言、「騙されていた」——。「騙された責任はあるけれど、その後勉強して騙されたことに気が付いた。気が付いたらその過ちを直すことが大事なんだよ」と釈明しました。それも堂々と。

意見は百八十度ブレても、その態度にブレは全くないんですね。

ただ、私が思ったのは、現役を退いたあと一貫して「原発はやめなければいけない」と主張するものの、じゃあどうやって世論を動かし、どうやって実現していくのかの道筋は示さない。「総理大臣がやめろと言えばできる」と言うのみです。

「じゃあ、安倍さんに言ったんですか？」と訊いたところ、

「去年言った。苦笑いをしてた」――。

彼はフィンランドのオルキルオト島に行って、放射性廃棄物の最終処分施設「オンカロ」(註4)を視察しています。その少し前、私もテレビの取材で行ってきました。地下四百五十メートルの所に使用済み燃料を埋めていく。これを封鎖して十万年保管する計画ですが、まだまだ作業は進んでいません。なぜか？

掘ってみたら、うっすらと地下水が染み出ているところがあって、この地下水によって金属が腐食し、放射性廃棄物が外に出る心配があることが否定できないからです。となると、さて、日本のどこに地下水の染み出さない地域があるのか？　それに、最終処分場の引き受け手になる自治体も見当たらない。自治体の長が手を挙げても、すぐに住民の反対運動が起きるのが現状です。私は、オンカロを受け入れた島の町長に聞いてみました。どうして受け入れることにしたんですか？

「私たちは、原発で作られた電気の恵みによって豊かな生活を享受してこられたんです。だから、そこから出る使用済み核燃料を処分する、これは私たちの責務です」

実際、この島の住民の大多数が建設に賛成したからこそオンカロが実現したのです。私は、そういう住民のいるフィンランドという国は、原子力発電所を運転する資格があるなと思いました。

そして、小泉さんが「総理がやめろと言えばできる」としか言わない、言えない背景もまた、う

っすらと見えてくるのではないかなと思った次第です。

（註4）**オンカロ**……フィンランド語で「空洞、深い穴」。使用済み核燃料を地層処分する施設を建設する際、現地調査を行なうために、オルキルオト島に建設された地下特性調査施設の名称。二〇二〇年から運用開始の予定。

Q&Aコーナー

質問者Aさん　お話ありがとうございました。北朝鮮の問題ですけど、小泉さんが、なんとか拉致被害者を帰国させることができたのは、どうしてだと思われますか？

池上　その質問は対談で私もしたんです。そうしたら、田中均という外務官僚が裏で工作をし、北朝鮮のミスターXと信頼関係を築いた。そういう人物がいたから実現できたんだ、という言い方をしていました。

その田中均さんに対しては、実は外務省の内外に批判する人がいるんです。安倍さんは実名を挙げて「外務官僚として許せない」と激しく非難していましたから。安倍さんの怒りの矛先は、極秘会合のメモ類を一切残していないことです。どんな秘密交渉であれ、きちっと記録を残し、それを後世に伝えていかなければいけないのに、それをしていない。北朝鮮側は必ず記録を取っていますから、これはなおさら問題です。

ともあれ、今、田中さんに代わる人物が見当たらないことも大いに問題ですね。水面下でいろいろやっているような話は聞こえてくるんですが、どうも決定打に欠けるようです。

とにかく、韓国とは日韓基本条約を結ぶことができた。さあ次は北朝鮮だ、ということで、小泉さんが曲がりなりにも拉致被害者の帰国を実現した——この功績は高く評価していいんじゃないかと思います。そして水面下で総理のために身を挺する人材がいたこともまた事実だということですね。

質問者Bさん　最近、小泉さんと旧敵である小沢さんとの間で、反原発で意見が一致したといった報道もありますけど、今後の政治情勢において、小泉さんの主張が実現する見込みはどうなんでしょう？

池上　今の安倍政権って、経産省内閣なんです。今井尚哉総理秘書官はじめ、官邸を牛耳る人たちは、ほとんどが経産省出身です。かつての財務省に代わって、今では予算でも外交でも重要案件はすべて、原発推進が基本方針の経産省が取り仕切っています。である以上は、安倍内閣がつづく間は原発をなくすことにはならないということです。

とはいっても、小泉さんが言うことは正論です。原発は安全だと言ってきたのに安全でなかったじゃないか、原発は安上がりだと言ったのもウソだったじゃないか、放射性廃棄物の最終処分はどうする気だ……どれもご尤もなんです。でも、小泉さんのあの言い切り方では、なかなか説得力がついてこない。ですから、正論を言い続けるだけでなく、小泉さん以外の人間がいかに正論を広めていくかが大事になってくるんだろうと思います。

質問者Cさん　原発について安倍さんの言い方だと、原発を開発する能力があると示すだけで抑止力になるんだということですけど、小泉さんは、原発をなくした場合の防衛についてはどう説明されているんでしょうか？

池上　安倍さんに限らず歴代の自民党内閣では、核兵器を持たない・作らない・持ち込ませないの「非核三原則」を守ると言いつつ、原子力発電所で出るプルトニウムの再処理技術、あるいはウランの濃縮技術を持っていれば、いつでも核兵器を作ることができる、というのが暗黙の了解だったわけですね。

ただ、実際問題として、そういう技術さえあれば抑止力になるからといって、本当に核兵器を作り始めてどれぐらい短時間で作れるんでしょうか？　かなり非現実的な話ではないかなと思うんです。

小泉さんは「原発をやめろ」と言うだけで、今すでに溜まっているプルトニウムについては言及していません。一方で、今あるプルトニウムを保管しておくだけでも抑止力になり得るんだという考え方もあるわけです。だからこそアメリカは、口うるさくプルトニウムを減らせ減らせと言ってくる。

言えるのは、小泉さんにとっては「原発をやめる」ことが第一義で、それがもたらす国の安全保障や抑止力については考えていない、ということでしょう。

質問者Dさん　進次郎さんはどうですか？　だいたい彼は総理になる気があるんでしょうか？

池上　私の見立てとしては、彼は四十歳を過ぎるまでは表に出ず、雌伏の時間を過ごすと思うんです。そのことを純一郎さんに確かめると、「やっぱり日本では四十過ぎないと駄目なんだ」――ここでは意見が一致したんです。そして「まあ、安倍の次だな」と。

ということは、安倍さんの党総裁任期が切れる二〇二一年、オリンピックの翌年で、しかも進次郎さんが四十歳になる年です。

ただ、原発に関して進次郎氏は何も発言していません。安倍さんの原発推進には疑問を呈していても、「反原発」とまでは言っていない。いずれこの点についても旗幟鮮明にせざるを得ないでしょうね。

第4回 中内功

価格破壊の風雲児

今、私たちが多くの商品を
定価より安く買うことが出来るのは、
中内功のおかげかもしれません。
安売りのためなら、大手メーカーと
戦うことも辞さなかった
カリスマ経営者の彼とダイエーが、
最終的に経営破綻に
陥った理由はなんでしょうか？

中内功

なかうちいさお　ダイエー創業者。一九二二年、大阪府生まれ。従軍経験から「物質的豊かさ」の重要性を痛感。復員後は実家の薬局を手伝い、五七年に「主婦の店・ダイエー薬局」を開店、食料品も販売するように。値付けを巡ってメーカーと長く戦った。スーパー以外にも事業を拡大し、八八年にはプロ野球球団も獲得。バブル崩壊からは経営が低迷し二〇〇一年に会長職を退く。〇五年没功も罪もある人を、という基準で選んだ今回の人物は、中内㓛さん――安売り哲学でもってダイエーを作った人ですね。今の若い人にとってスーパーマーケットも大規模なショッピングセンターも、あるいはマツキヨのようなドラッグストアも、しごく当たり前の業態でしょうけど、昔はそうじゃなかった。いずれも実に厳しい規制があって乗り出せなかったんです。

それを変えたのが中内㓛という人物です。彼を先頭にダイエーは激しい戦いを展開し、時には消費者を味方につけながら規制を突破してきた。まさに戦後日本のさまざまなかたちを変えてきた人なんです。ところが、二〇一五年にイオングループの傘下に入ったのを最後に、ダイエー帝国は滅亡してしまいました。

なぜダイエーは消えてしまったのか？　この疑問を解き明かすかたちで、中内さんの成功と失敗をあらためて振り返ってみようと思います。

恐怖の抜き打ち視察

中内さんはカリスマ的な存在でした。佐野眞一さんが『カリスマ～中内㓛とダイエーの「戦後」』（新潮文庫）というタイトルで書いていますけれども、彼のカリスマ性に接すると部下が何も言えなくなってしまう――そういう弊害が起きてくるんです。

全国に展開するお店を中内さんが覗きにくる。あるいは傘下のステーキハウス「フォルクス」に立ち寄って食事をする。いずれも抜き打ちです。そして気が付いたことがあると「どうしてこんな展示の仕方をしているんだ?」と一つ一つ注文を付ける。

彼の展示ノウハウは天才的なんです。有名な例ですが、リンゴを売りたいと考えたお店で、シャンパンタワーみたいに綺麗に上まで積み上げた。さあ、これを見た中内さんは激怒します。「おい、このリンゴ、お客さんが買おうとしても、どうやって手に取るんだ?」「一番上からです」「一番上は手が届かないじゃないか。目の前のリンゴがいいと思って取った瞬間、全部崩れてしまうだろう」。

実際、中内さんの指示の通りに展示を変えてみると、劇的に商品が売れ出す。そのお店の売上が上がるんです。ところが、いいことばかりではありません。お店全体がピリピリして思考停止に陥り、中内さんの指示待ちになってしまったのです。

これはダイエーが経営不振に陥ってからの話ですけど、今の横浜市長の林文子さんが再建のために外から送り込まれます。そこで彼女が驚いたのは、ダイエーの幹部たちがみんな、ひたすら「待ち」の姿勢になっていることでした。口々に「何でも言ってください。やりますから」と言うものの、自分たちで考えようとしない。その意識改革に相当な時間がかかったといいます。

安売り、その原体験

中内さんは、とにかく安売りにこだわった。そこには、彼の戦争体験が秘められていました。

中内二等兵は、まず旧満州に配属された後、フィリピン・ルソン島に転属します。ここで彼は、何度も死にかける。一度目はルソンに向かう途中、彼の乗った船が故障して他の船団に遅れてしまった。ところが、先行の船は大半が東シナ海でアメリカの潜水艦に撃沈されてしまったのです。故障がなければ、彼も海の藻屑となっていたかもしれません。

ルソン島でも、米軍の手榴弾が直近で爆発、大けがをするのですが、たまたま、すぐそばに衛生兵がいて応急手当てをしてくれました。

飢えにも苦しめられます。真っ暗な夜、仲間たちと語り合って、

「腹が減ったな。何か食いたいな。すき焼きを腹いっぱい食いたいな」

飢えからくる体力の衰えで今度はマラリアに罹ります。このままだと仲間に食われてしまう……。先に死んでいった者が仲間に食われた、という噂が耳に入ってきて、自分もそうなるのを怖れたわけです。大岡昇平さんの『野火』に描かれたような極限状況に、彼も遭遇しかけたんですね。

こうして何度も死の淵をさまよいながら、なんとか生きのびます。一九四五年十一月、鹿児島の港に帰還した中内さんは復員手当――言わば兵隊さんの退職金ですね――を受け取ります。当時のお金でたったの六十円！　インフレ吹き荒れる当時の価値は「豆腐十二丁」だったそうです。ここで彼は考えます。

「日本は二度と戦争をしてはいけない。戦後日本の人たちが腹いっぱいすき焼きが食べられるような社会にしたい。それを実現するために自分は『安売り』の商売がしたい」

彼は神戸高等商業学校（現・兵庫県立大学）を繰り上げ卒業させられて商社に就職したものの、一年もたたずに招集されていたのです。安売りに懸ける思いは、彼が二〇〇五年に脳梗塞で倒れ、息を引き取るまで首尾一貫していました。

産声を上げた大栄

さて、そろそろ話を本題にすすめましょう。

「ダイエー」ってカタカナですけど、もともとは漢字の「大栄」でした。それというのも中内さんの父親が、さらに先代の名前「栄」から「サカエ薬局」というクスリ屋を始め、中内さんの代に大きく栄える「大栄」とした。これが一九五七年のことです。この大栄薬品工業という安売り店は、看板をダイエー薬局に変えてからはいろんな品物を扱うようになり、それが流通革命と呼ばれるまでに発展していったのです。

従来の薬局はさまざまな規制に守られていて、安売りはしませんでした。薬局と薬局の間には一定の距離がなければいけないなどの規制がありました。すべては卸問屋や製薬会社の利益を守るためです。消費者のことを考える省庁はそもそもどこにもなく、消費者庁ができる二〇〇九年まで待たなければならなかったのです。

大栄薬品工業からダイエー薬局に名前を変えた中内さんのお店は、安売りをしたので人気でした。しかし、いつも売れるとは限りません。映画の無料券を付けると初日こそ売れますが、クスりなんていつも必要な商品ではないので、大量に売れてもそれは「需要の先食い」で、そのうち売れなくなるわけです。

あるとき、中内さんは気づきました。閑古鳥が鳴いているお店に、近所の人が来てこうつぶやいたんです。

「クスリは買っちゃったから、もう要らないし……お菓子は置いてないの？」

なるほど、お菓子のたぐいを置いておけば、毎日のようにお客さんが来てくれる――。そうして売り始めたところ大当たりでした。

そこで彼が得た教訓は「何を売ればいいのかはお客に聞け」。

素人だったがゆえに、売り方のコツを一つ一つ学んでいったのです。

牛を一頭買いしたい

扱う商品を次々と増やし、やがて店名を「主婦の店・ダイエー薬局」とした中内さんは、牛肉を売りにかかります。すき焼きを腹いっぱい食べたいというあの思いが、まだ焼け跡の残る神戸や大阪の街で、牛肉を安く売ろうという気持ちにつながったのでしょう。

当時、牛肉百グラム六十円が相場だったのに、彼は三十九円で売り出します。今で言う激安ですからお客さんが殺到する。面白くないのは牛肉の卸業者です。仕入れ先に圧力をかけて売らないようにさせると、ダイエーはこれに対抗して別の業者を探し出す。でも、次々に圧力がかかってしまいます。

そこで中内さんは最終的に決断します。流通経路の根本である食肉処理場に単身出向いて、直接交渉をするのです。「とにかく牛を一頭買いで売ってほしい」。しかし、どこも相手にしてくれません。

たった一人だけ、ある業者が意気に感じて売ってくれることになりました。中内さんの「どうしても人々に安く牛肉を食べさせたい」という熱意にほだされたのです。その人は中内さんにとって生涯の友になるのですが、結果的に他の業者から爪はじきにされ、取引先を全部失ってしまいます。それでも中内ダイエーとの取引はけっして止めようとはしなかったそうです。

中内さんは、周囲のライバル企業から圧力がかかったとき、自筆でしたためたこんな貼り紙を会社に貼ったそうです。

《日用の生活必需品を最低の値段で消費者に提供するために、商人が精魂を傾けて努力し、その努力の合理性が商品の売価を最低にできたという事が何で悪いのであらうか?》

お客さまにギリギリの安値で売る努力をすることのどこが悪いのか、というわけです。

スーッと現われてパーッと消える

ダイエーがスーパーマーケットを始めた当初は、「あんなもの、うまくいくはずがない」「スーッと現われてパーッと消えるからスーパーだ」なんて悪口を言われていました。

　それでも、ためしに店内に入ってみると、パッケージされた商品に値札が貼り付けてある。好きなものを勝手に手に取って、お店の籠にほうりこんでいく。最後にレジで合計金額を支払うだけ。この買い物の仕方は実に画期的でした。

　それまでの買い物といえば、例えば魚屋の兄ちゃんに「きょうは何がおすすめ？」「○○が新鮮だよ」「どうやって食べるの？」「三枚おろしだね」……これを値切りながら買っていくのが普通でした。これって、調理の仕方まで教えてくれる便利さはあっても、主婦にとってはけっこう精神的に負担だったんです。

　それがダイエーの登場で、従業員とやりとりする煩わしさがなく、支払いも簡単になった。まるでテレビドラマで観たアメリカのようなお洒落な生活がここにある……。こうしてダイエーは消費者を味方につけていったのです。

　この頃、ようやく「バイイング・パワー」という言葉が語られるようになってきました。販売側がメーカーや仕入れ先に対して主導権をにぎる、という意味です。中内さんは「バイイング・パワーの行使」に挑み始めます。

　それまでは、メーカー側ないし仕入れ先が値段を決めて、販売店では定価にしたがってお客さんに売るしかなかったのを、ダイエーは消費者の代表としてメーカーと交渉を始めました。ここで物を言うのが「大量に仕入れますから」という圧力です。それには、やはりお店の数を増やさなければなりません。この方針の下、中内さんはチェーンストアというかたちで日本中に店舗を展開していったのです。

ダイエーの第一号店は「千林駅前店」でした。場所は京阪電車・千林駅前の一等地（大阪市旭区）。チェーン第一号店は神戸三宮のジャンジャン横丁と呼ばれる繁華街に作っています。誰もが気軽に歩いて買い物に行ける場所にお店を作って大成功したんです。この成功体験があとあと裏目に出ることを覚えておいてください。

ライバルからの嫌がらせや圧力をはねのける際に大いに力になったのが、主婦団体との共闘です。中でも心強い味方になったのが関西主婦連でした。

主婦連といえば、東京は四ツ谷駅前に本部を置く全国組織としての主婦連合会がありますが、関西主婦連は全くの別組織。東京にやや遅れて一九四九年、前身の「大阪主婦の会」を母体にいくつかの団体が連合してできたもので、二代目会長の比嘉正子さんは有名です。

私は主婦連の方々と何十年にもわたってお付き合いがあるのでよく分かるのですが、関西主婦連は「安売りしてもらえるなら何でもやったるわ」みたいな強烈なおばちゃんパワーでもって安売りを阻もうとする会社に押しかけ、怒鳴り込む、といった運動を繰り広げることで、ダイエーの全国展開を大いに助けました。

それに対し、東京の主婦連をはじめとした消費者団体は製品・食品の安全を要求することが主眼でした。終戦直後、火がつかないマッチに異議を申し立て、政治家たちに陳情するところから始まっています。

松下電器との死闘

中内さんが経験したクスリや牛肉での死にものぐるいの戦いは、消費者の応援を得て、やがて松下電器との世紀の戦いに発展することになります。

高度経済成長が始まった頃、どこの家庭も電化製品を持つのが夢でした。洗濯機、冷蔵庫、テレビ――カラーではない白黒テレビ――が三種の神器と言われた時代です。

まず電気洗濯機。水槽に水と洗剤を入れて汚れ物を放り込んでおけば、勝手にグルグル回って汚れを落としてくれる、画期的なしろものでした。

脱水槽はまだ付いていません。すすぎが終わったら、洗濯物を二つのローラーの間に挟んでハンドルを回して水を切る。ローラーを通るのでしわくちゃ、ぺっちゃんこになってしまう。それを何とか広げて干すわけです。ですから、ローラー担当だった小学生のぼくとしては、脱水機能付き洗濯機が我が家に届いたときは本当にうれしかったですね。

お次は電気冷蔵庫です。私が小学生の頃は、氷屋さん（たいていは米穀店が兼業していました）が売りにきた氷を冷蔵庫の上の棚に置くと、冷気が上から下に降りてきて庫内を冷やす――そういう仕組みでした。ここで言う冷蔵庫とはもちろん電気冷蔵庫じゃない、単に氷を入れるボックスで、物を冷やすというより、温かくならない程度にするためのものだったわけです。

それがある日突如、電気冷蔵庫に変わった。家で氷を作ることができるようになり、アイスクリームを冷やすこともできれば、冷えたビールも飲めるようになった。あるいは牛乳も、冷蔵庫で二日間くらいは保存が利くようになった。こうして人々の消費意欲が刺激を受けて、いろんなものが売れるようになったわけです。

三つめの白黒テレビもまた、人々の消費意欲をかき立てました。ブラウン管に流れるコマーシャルが、商品の魅力を動く映像で生き生きと映し出します。私も不二家のレストランのコマーシャルで、クリームパフェを子どもが美味しそうに食べるのを見て、「ああ、こんなものがあるんだ」と憧れたものです。

製造番号をめぐるイタチごっこ

このように電化製品が社会の表舞台に出てくると、ダイエーとしても店に並べたくなります。もちろん街の電器屋さんよりも安値で売りたい。そして、数ある電器メーカーの中でも電化製品で圧倒的に人気だったのが松下電器。ブランド名「ナショナル」です。現在は社名になっている「パナソニック」は海外向けのブランドだったんです。

そのナショナルの製品は、全国のナショナル専売店で売られていました。「うちで買っていただければいつでも故障の修理に行きます」と、キメ細かなアフターサービスを完備した販売網が大変な力を発揮した。つまり、販売側の力が圧倒的だったわけです。

そこに戦いを挑んだのがダイエーです。ナショナルの製品を仕入れてきて、自分の店で安売りしたところ、ナショナル専売店が怒ったのは言うまでもありません。本社に「なんでダイエーの安売りを認めているんだ」と泣きついて、犯人探しが始まった。

そのやり方が徹底しています。まず、ダイエーの店に松下電器の社員が行ってナショナル製品を買ってくる。製造番号を見れば、いつどこの卸業者に出したかが分かるわけです。そしてその卸業者に圧力をかけてダイエーに売らせないようにする。

ダイエーはそれに対抗して、製造番号を削り取って売ります。それでしばらくは、また安売りができるようになるのですが、今度は松下が「じゃあ、気づかれない秘密の番号を作ればいい」と、ブラックライトを当てないと番号が浮かび出てこないようにして出荷をする。ダイエーは国会議員を招いて、「この松下のやり口は独占禁止法違反ではありませんか？」と訴える。これがダイエーvs松下の大戦争に発展するんです。

実はこのとき、花王石鹸（現・花王）も同じように、日用品を安売りするダイエーに仕入れをさせないよう圧力をかけました。これもダイエーは独占禁止法違反で訴えて、花王は途中で引き下がるのですが、頑として引き下がらないのが松下でした。

幸之助翁の水道哲学

松下幸之助翁には、有名な「水道哲学」というのがあります。

《乞食が公園の水道水を飲んでも誰にも咎められない。それは量が多く、価格が余りにも安いか

らである》

彼の言わんとするところはこういうことです――。町のあちこちにある公園の水は、蛇口をひねれば誰でも飲める。日本では水が豊富にあって、ほとんどタダで飲めるからだ。同様に、商品を大量に作り、誰もがまるで水道水のように商品を安く手に入れることができれば暮らしは豊かになる。私はそういう社会を作りたい。

これもやはり、日本が貧しくて何もない時代に幸之助翁が胸に抱いた理念です。これを聞いた多くの人は感動しました。だとすると、中内さんの「すき焼きを食べさせたい」と、どこがどう違うのでしょう?

中内さんは当然、反発をします。「水道哲学を説いた松下が安売りを妨害してきた」。

この反論は松下側にとっては痛かっただろうと思います。

結局、花王とは一九七五年に手打ちをしたけれど、松下電器との紛争終結は一九九四年まで持ち越されました。その中身は、ダイエーが忠実屋を吸収合併する、というもの。忠実屋は、戦前に八王子の漬物屋から出発して、生活雑貨や衣料なども扱う総合スーパーとして大きくなった会社で、松下電器とは家電の取引がありました。

松下としてはダイエーはけっして許さない、だけど、忠実屋との取引はこれからも忠実に守る――ダイエーの中の一部門となった忠実屋とは今後も取引をしますよ、というかたちで双方の顔を立てた。その結果、ダイエーのお店に松下の商品が並ぶようになり、これが紛争終結になったということです。ダイエーを応援しようという消費者が増えて、さらにダイエーは力をつけていきます。

大店法の制約

消費者に支持され、バイイング・パワーをテコにして発展したダイエーですが、その一方で、周囲の小売店が立ち行かなくなることにもなりました。困りはてた小売店は束になって政治を動かし、成立したのが大規模小売店舗法、通称「大店法」です。大型スーパーが進出しようとする際には地元の商工会議所（または商工会）と協議し、商店街のオーケーが出て初めて進出することができるとされ、一九七四年から施行されました。

翌七五年、ダイエーの熊本進出をめぐって大騒動になります。大店法が初めて適用され、熊本の商店街の人たちが進出反対同盟を作ってダイエーと交渉しようとします。しかしダイエーは、引き延ばし作戦で協議に入ろうとしない。そのまま、いつまでもラチが明かない状況になったとき、ダイエーにとっての救世主が現われます。ほかでもない、地元住民が「ダイエー進出で便利になる」と署名活動を始めた結果、なんと十五万人の署名が集まります。そして消費者団体の人たちが「進出を認めろ」とデモ行進まで繰り広げたのです。

結局、地元商店街も消費者パワーには勝てず、しぶしぶ了承します。ただし、お店の床面積は三分の一に、ということで妥協したのです。

あの反対運動は何だったのか？

さて、ここからお話しするのが、きょうの授業の一番重要なポイントです。

熊本で起きた「ダイエー出店反対」のような動きは、ダイエーにかぎらず百貨店や家電量販店などを相手に、その後も各地に広がります。それで店舗面積を狭くしたところもあれば、進出を断念したところもあります。こうして、スーパーマーケットが来なくなった駅前商店街は、次々に閉店してシャッター通りと化してしまった。反対運動が衰退を招くという皮肉な結果を招いてしまったわけです。

一部の小売店は大型スーパーの近くに店を構え、スーパーの帰りに立ち寄ってくれる客をターゲットにしました。この通称「コバンザメ商法」で共存共栄を図ったところは生き残ったのです。しかし、ほとんどの駅前商店街はシャッターをおろしてしまいました。

それでも、ダイエーは相変わらず駅前に店舗を作ろうとしました。駅前にまさる立地はない、という考えが捨てきれない。つまり、成功体験にしがみつき続けたのです。そして、これと対照的だったのがイオングループでした。

オカダヤというスーパーチェーンがありました。やがてジャスコ、そしてイオンと名前を変えますが、オカダヤの先代（註1）の遺訓というのがすごい。

お店をどこに作るのか。「キツネやタヌキが出るところに店を作れ」。

これが明暗を分けたわけです。駅前に出店したダイエーは、その成功体験を後生大事に守り続けたのに対し、オカダヤは郊外に大規模な店舗を作った。

自動車が活躍するモータリゼーション社会になると、みんなクルマで買い物に行きます。休日に大量に買ってきて冷蔵庫に保存する。地方では軽自動車が大量に売れるようになります。オトコの乗り物だった乗用車が、家庭の主婦が曜日にかかわらず買い物に行くための道具として普及していったのです。

ダイエーの駅前店と違って、オカダヤには広いスペースの駐車場があって、そこに行けば、子どもを遊ばせる広場もあれば映画館もあり、レストランで食事もできる。オカダヤが作ったのは、単に大規模なスーパーというだけでなく、ショッピングセンターであり、レジャーセンターでもある娯楽の殿堂だったのです。

結局、中内さんは時代を読み誤ったと言うしかありません。

安売りは、日本がまだ貧しい時にはそれが最適の道だった。しかし、みんなが豊かになってゆとりが出てくると、買い物自体も楽しくなければいけなくなった。ダイエーが時代に取り残されていくのは、もう目に見えていました。

（註1）**岡田卓也**……一九二五年、三重県生まれ。イオングループ名誉会長相談役。四日市の呉服商、岡田屋を総合スーパーに業態変更し、ジャスコ、さらにはイオングループへと成長させた。次男は

――衆議院議員の岡田克也。

教育への情熱

中内さんは、ダイエーの経営がかなり厳しい状態になったとき、今度は教育に情熱を燃やすことになります。八四年、中曽根内閣のもと、臨時教育審議会というのが設置されます。このとき私は文部省の記者クラブにいたので、毎週の会議を取材する機会にめぐまれました。果たして中内さんはどんな意見を言うのだろう？

その前、忠生《ただお》中学事件というのがありました。町田の中学校で校内暴力が吹き荒れて先生たちが殴られたりするものですから、先生が自衛のために所持していたナイフで中学生を刺してしまったのです。もう大騒ぎになりました。国会議員らが忠生中学校に視察に行ってみると、男子トイレの個室の仕切りが壊され、便器も割られています。視察報告を聞いた中曽根内閣としては、これを文部省に任せておくわけにはいかない。総理大臣直属の会議を、といって作られたのが臨時教育審議会でした。そこに中内さんも有識者の一人として呼ばれたわけです。

そこで戦わされた議論を、私はある種、衝撃をもって受け止めました。教育の自由化を主張する委員たちがいたからです。

それ以前、教育界には「文部省対日教組」という対立があって、日教組が主張したのも教育の自由化でしたが、おおざっぱな言い方をすると、「先生たちにもっと自由な教え方をさせよ。政府は口を出すな」というものでした。しかし今回は「教育はすべて自由にまかせよ。学校同士に競争をさせて、親は自由に学校を選べるようにせよ。株式会社に学校を作らせてもいい」――つまり、今で言う新自由主義の考え方です。

そんな中で、中内さんは「個性主義」ということを訴えます。型にはまった教育はやめよう。もっと子どもの個性を大切にしてやろう。

この考え方のベースには、あんな無謀な戦争をしてしまったのは、検定教科書を使った画一的な教育のせいだ、あれでは個性も発揮できず、上から言われたとおりのことしかやれない、それが戦争につながっていったのだ――という考え方があります。

でも、彼がキーワードとして訴えた「個性主義」は、ほかの委員の間では評判がよくなかったようです。「個性主義って、分かりにくいよね」。そして議論の結果、「個性の重視」という、かなりあいまいなかたちで収められてしまいます。中内さんはこれが大変不満だったそうです。

専門店にお客を取られた！

中内さんは、スーパーマーケットの全国展開を「土地価格は上がる」ことを大前提に行っていました。例えば、ダイエーの店舗用地を多めに買っておいて、周辺の地価が上がったところで余分な土地を売却し、利益を得る。あるいは、価格の上がった土地を担保に金融機関からお金を借りることもできる。

しかし、土地価格の高騰を前提にした経営は、いずれは破綻するものです。現に日本経済のバブルが突然はじけてしまって、ダイエーの全国展開はストップ。中内さんは焦りました。プロ野球球団を買収したり、いろんなことに手を広げていましたが、バブルがはじけていく中で経営状態は悪化していきました。

今、日本全国どこに行っても、国道や県道沿いにユニクロがあり、ビックカメラがあり、ニトリがある。いろんな商品を取り揃えているとはいえ、わざわざダイエーには行かなくていいのです。ダイエーって取りあえず食料品は安いけれどね、ぐらいの感じになってしまった。こうして、ついに経営破綻に陥ります。

結局、中内さんは、時代が大きく変化を遂げているときに、自らの成功体験から一歩も踏み出せなかったのです。

それでも、臨教審では満たされず、行き場を失った彼の教育熱は、八八年に流通科学大学（神戸市）を創設することで実を結びます。商学部（後に情報学部、大学院も）が設けられ、「中内ゼミ」を開いて自ら講義もしています。そこから巣立った若い人たちが、彼の情熱を受け継いでくれると信じていたにちがいありません。

実は神戸高商を出た後、彼は大学を受験して失敗しています。ですから勉学の意欲はやむことなく、復員後に神戸経済大学（現・神戸大学）の夜間部に入学しました。結局は、商売が忙しくなって中退するのですが、流通科学大学を創設したのも、学ぶことの大切さを実感していたからでしょう。

デス・バイ・アマゾン

時代を読み誤った中内さんを嗤うことはできません。なぜなら、時代を読み、先を見通すというのは非常に難しいことだからです。ダイエーを負かして生き延びてきた大規模な流通企業は、今また大きな脅威にさらされています。アマゾンという新たな強敵が現われたのです。

アメリカでは「デス・バイ・アマゾン」――アマゾンによって死に至るという言葉があって、アマゾンの圧倒的な販売力にやられそうな会社の株が空売りされています。空売りで株価が下がったところで買い戻せば儲かるわけです。そういう消え去るであろう会社のリストも出回っています。

もちろんアマゾンだって最初からこれだけの信頼を勝ち得たわけではありません。それまでのネット販売への不安を打ち消すために最初に扱われたのが書籍です。本であれば値段も同じ、中身も同じ。誰もが安心して買えます。しかし、アマゾンが躍進するにつれて本屋さんが打撃を受けるようになり、さらに扱う商品が増えると、それぞれの業種にも脅威となってきた。さあ、アマゾンに負けない商品は何か、つぶれない会社は何か、今、まさにそういう時代を迎えているのです。

ダイエーは理想を掲げ、安売りによって人々の暮らしを豊かにしたのは事実です。でも、今や、すき焼きを腹いっぱい食べるとコレステロールが気になる時代になっている。そこのところを中内さんは読み誤った。本当なら、周りの部下たちが「社長、時代は変わっているんですよ」と言わなくてはいけなかったのに、カリスマに怖気づいて言えなかった。トップに物申すことのできない会社は滅びの道を進んでいく——。

中内さんの足跡をたどってみて、つくづくそう思います。

Q&Aコーナー

質問者Aさん　この授業で取り上げられる十人の基準は、功も罪もある人ということですけど、それはどうしてなんでしょうか?

池上　話は簡単です。私が「例えばこの人は?」と文藝春秋側に言うと、「いい人すぎますよね」。文春の編集者って性格が悪いでしょう(笑)。それはともかく、「実に見事な人だよね」といった人物は面白くないのも確かなんですよ。戦後に挑むとなると、当然、成功もあれば失敗もある。私たちは、功と罪の罪の方から学ぶことがあったりするんですね。そして、そういう人の方が人間くさくって面白い、ということになったわけです。

質問者Bさん　その功罪ですけれど、中内㓛さんが戦後日本に与えた罪の部分をどうお考えになるかというのが一つ。もう一つは、ウィキペディアによれば、側近に自分の家族や一族を多く置いて、それ以外の人を最終的には他の会社に出すことが多かった、みたいなことがあるようなんですが、その理由はどう考えられますか？

池上　バブルの時代、土地の値段がどんどん上がっていくんだと言って次々に不良債権を作り、日本の金融システムに大きな打撃を与えたということがあります。

結局、スーパーマーケットという業態をもっと発展させることができたはずなのに、あまりにカリスマになりすぎてしまい、多くの人材を路頭に迷わせる結果になってしまったことが罪として挙げられるでしょう。

もう一点、長男を登用し大事に育てようとして、汚れ仕事は他の人に押し付けるようなところがあった。中内さんにずっと仕えていた人の話だと、そのご長男は本当に普通の人だと。これは貶めて言うんじゃなく、逆にそういう普通の感覚を持っていた人にこそ、ダイエーを生き延びさせることができたのではないかと思うんです。でも、その息子ですら父親には言えなかった。

カリスマ経営者、もっと言えば独裁者にとって、信じられるのは家族だけなんです。家族は裏切らない。ところが家族以外の人間に赤字経営の立て直しをまかせると、中内さんが営々と築いてきた資産を切り売りするようなことが起きるわけです。例えば日本楽器製造（現・ヤマハ）の元社長を連れてきて立て直しをさせると、これだけは売りたくないというものが次々に売却される。客観的に見れば、赤字部門を売って身軽になることが立て直しなはずなのに、中内さんはそれが嫌で嫌でしょうがない。すると、信用できるのはやっぱり家族だけ、みたいなことになるわけです。

家族しか信じられない、というのは有名大企業だって例外じゃないんですが、特に中小企業の経営者にありがちです。結局、ダイエーって大きな中小企業だったのかなと、今にしてみると思えてくるんですね。

質問者Cさん　池上さんご自身は、中内さんのことはお好きですか？

池上　臨教審で生身の中内さんに初めて接して、彼が教育について話すたびに違和感がありました。ひたすら安売りで金を儲けた人が教育に口を出すのか、と。それは私一人でなく、おそらく当時の教育関係者みんなが冷ややかに見ていたことでしょう。

実は今回あらためて、中内さんの人物を知りたいと参考文献を読み漁った結果、この人の教育への情熱は、戦争体験をベースに、二度と戦争をしてはいけない、日本を豊かにしなければいけないという思いに由来しているんだなと納得ができました。そして今あらためて、本当にすごい人だな、この人を紹介してよかったなと思っています。

同時に、人間って弱いんだなとも思います。王様に向かって誰も「裸だ」と言えなくなってしまって、それを本人も気づけなかった。そして、この中内さんの失敗を戒めとすることが私たちにとって大切だな、というふうに考えています。

第5回

渡邉恒雄

読売帝国の支配者

「生涯、ジャーナリストでいたい」
と語りながら、
明らかに新聞記者を超えた
活動をしてきた渡邉恒雄。
政界ではフィクサーとして暗躍し、
球界では我が意を通し続ける。
彼はいかにしてこれほどの
権力を握るに至ったのでしょうか。

渡邉恒雄

わたなべつねお　読売新聞主筆。一九二六年、東京府生まれ。東京帝国大学在学中に共産党員になるも離党。読売新聞に入社し、正力松太郎に見いだされて大野伴睦の番記者になってから保守政界と繋がりを持つ。大野の死後は中曽根康弘と懇意になり、二〇〇七年の大連立構想も主導。九一年に社長、九六年に巨人軍オーナー(現・最高顧問)に就任と、読売グループの頂点に上りつめる皆さんこんばんは。

きょうの授業は恐れを知らないというか、あの強面の渡邉恒雄さんを取り上げようと思います。それによって日本のメディア、とりわけ新聞社のあり方、政治部記者のあり方を考えることができるんじゃないか。それはとりもなおさず、メディアに携わる私たちにも跳ね返ってくるはずで、その意味でも恐ろしいんです。

今回あらためて渡邉さんについて書かれた本、ご本人が書いている本も読み返しましたけれど、読めば読むほど渡邉さんのことを好きになっちゃう。困ったものですね。私も記者でしたから、どうもあんまり客観的になれない。共感できるところ、憎めないところがいっぱいある。渡邉さんというのは、そういう存在なんですね。

で、まずは私と朝日新聞の問題から入ろうと思います。

もう一つの掲載拒否騒動

二〇一四年のことですが、私が朝日新聞の連載「新聞ななめ読み」欄に載せる原稿に従軍慰安婦報道のことを書きました。朝日は自ら検証特集を掲載したけれど、その検証の仕方が十分ではない、という主旨の原稿です。朝日の紙面で朝日への批判を展開しようとしたわけです。すると、その原稿を朝日はボツにしようとしました。

そもそもあの欄は、新聞記事の在り方を考える趣旨で始められたはずです。そこに他紙の批判はいいけれども朝日批判はまかりならん、なんておかしな話ですよね。それで私は連載を降りると通告しました。

でも、しばらくしてから掲載されました。というのも、朝日社内に何か問題が起きると、けしからんと思った記者がすぐに外に情報を漏らすんです。その情報が週刊新潮の知るところとなり、大っぴらになったために、朝日は原稿の掲載に踏みきるとともにお詫び記事を載せた。それで私は連載を再開することにしたわけです。

さて、もう一つの掲載拒否事件です。こちらは朝日のよりもずっと前の事件でした。

舞台裏の仕掛人

二〇〇五年、私がＮＨＫを辞めてフリーランスになった後、読売新聞から「紙面審査報」への執筆を委嘱されました。

どこの新聞社も、自社の記事を社内のベテランたちが審査し、チェックしています。読売では、その審査結果を「紙面審査報」というかたちにして社員に読ませているんですが、そこに社外の人の論考も載せていて、その一人をやってくれといわれたんです。

寄稿をつづけて二年ほどしたとき、政治の世界に「大連立構想」というのが持ち上がりました。二〇〇七年七月の参議院選挙で自民党が過半数を割ってしまい、衆議院とのあいだに「ねじれ現象」が起きた。それを受けて、総理大臣は安倍晋三さんから福田康夫さんに替わりました。このとき、読売の社説で渡邉恒雄さんがぶち上げた。
《ねじれが起きていると政治が進まない。この際、大連立をすべきではないか》
自民・公明のような連立とは異なり、大連立というのは、本来なら激しく対立をする二大政党が一緒になって内閣を組織するもの。両方がくっつくと圧倒的多数となるので、政治がスムーズに運ぶというわけです。
これを読売新聞が社説を使って提案する分には、なんの問題もありません。しかしその舞台裏で、渡邉さんが福田総理と小沢一郎——当時は民主党の代表でした——の間を取り持って会談を実現させたから、事は大きくなりました。
新聞各紙は「渡邉恒雄が仕掛け人」と書き立てました。しかし読売新聞だけはそれを一切書かなかった。口をつぐんだのです。これに苦言を呈する原稿を私は審査報のために書いたんです。その要旨は——
《新聞というのは、日々の取材と報道によって、いわば歴史を刻んでいるのである。だから、何が起きたのかをきちんと記録に残す必要がある。その点、大連立構想に渡邉さんが介在していたことを書かないのは、新聞社としていかがなものなのか。歴史を記録するという責任感がないのではないか……》
これは審査報にちゃんと掲載されました。掲載されたんですが、普段はそういうものを読まない渡邉さんに「こんなのが出ていますよ」とご注進に及んだ人物がいた。渡邉さんは激怒しました。「誰だ、こんなやつに原稿を書かせているのは!」

直後、連載の担当者が二人やってきて――相互監視のために二人一組。日本人に二人の案内人を付ける北朝鮮と同じシステムですね――こう言ったんです。

「このたび、部外者に論考をお願いする仕組みはやめることにしました。時事通信の方も産経新聞の方も、国語研究所や児童文学者、それに経済学の先生も、皆さんにおやめいただくことになりました。なので、池上さんもこれ限りです」

私だけやめさせると「言論弾圧」だと、大騒ぎになりかねない。だから他の寄稿者もすべてやめてもらう――巧妙ですよね。「要するに私だけやめさせたいんでしょ」と言ったら、担当者は何も答えずにニヤニヤしていました。

「初めて新聞名を公表します」

これは、あくまでも私と読売新聞のあいだの話ですから、どこにも言うつもりはありませんでした。朝日の原稿は新聞に掲載するためのものだったのに対して、読売の場合は、一般の読者の目にふれない社内向けのものだったからです。

ただ、朝日新聞のケースと違ったのは、朝日には情報を漏らす人がいたのに対して、読売には誰ひとり、漏らす人がいなかったこと。だから、私がしゃべらない以上、どこにも漏れはしなかったのです。

ところが、読売は朝日の掲載拒否事件が起きると、先頭に立って朝日のことを叩きはじめました。七年前の「前科」を忘れたかのような振る舞いをするのが、私には納得がいきません。そこで、「週刊文春」に連載している私のコラム（「池上彰のそこからですか!?」）に、イエス・キリストの「罪なき者、石を投げよ」という言葉を引用して、あんまり朝日のことを偉そうに言えない新聞社もあるんじゃないの？　と婉曲に書いたんです。

はっきりと「読売新聞」の名を出すのは、この授業が初めてです。なぜ名前を公表したのかというと、渡邉恒雄という人の前に、社員たちがどれほどひれ伏しているかを、皆さんに知っていただきたかったからです。

やっつけ仕事の情報源は？

二〇一七年五月、読売新聞に《文科省の前川喜平・前次官が歌舞伎町の出会い系バーに頻繁に出入りをしていた》という記事が出ました（註1）。政界が加計学園問題で揺れる中、前川さんが安倍政権に不利な発言をしていたときのことです。

記事を読んでみると、前次官が出会い系バーに出入りしていたというだけで、だから怪しからんとは書いていません。一体なんのためにこんな記事を？

読む人が読めば分かります。マスコミの人間なら一読して「やっつけ仕事だな」「嫌々書かされたな」と分かる。独自に探り当てたネタなら、相手の女性を見つけ出して証言をとるとか、徹底的に追及するはずです。それをなんにもやっていない。明らかに情報を教えられて書いた記事なのが、そのトーンで分かります。

実はこの記事が出る前、官邸から各社に「もうじき前川についてのスキャンダルが出るから、前川の取材をするのはやめたほうがいいよ」という囁きがあったんです。だからＮＨＫは、せっかく前川さんのインタビューを取っていたのに、読売の記事が出た途端、放送を見合わせたくらいです。

その後、読売が「前次官が値段交渉をしたうえで店外に連れ出した」と書いた当の女性に「週刊文春」が取材して、《前川さんは本当に身の上相談に乗ってくれたんです。だから口説かれたことも手を握ったこともない。いやらしい関係はなかったです》という証言を引き出しています(註2)。やっつけ仕事のツケが回ってきたんですね。

これには読売の特に若い記者たちはショックだったようです。私も複数の新人記者から個人的な相談を受けました。「もう辞めようかと思うんですけど」と言うから、「いやいや、いつまでもこの体制が続くわけはないから、もうちょっと頑張ってみたら?」と助言しました。

(註1)二〇一七年五月二十二日の読売新聞で報道。
(註2)「週刊文春」二〇一七年六月八日号に掲載。

特ダネを自分で作り上げる記者

以上、読売新聞の社内の空気を少しは分かっていただけたでしょう。ここからが本題です。読売新聞グループ本社代表取締役主筆の肩書をもつ渡邉恒雄という人が、一体どんな役割を果たしているのか。政治と新聞の関係を、彼はどのように考えているのか。

渡邉さんは大変な特ダネ記者です。政治家に徹底的に食い込んで信頼をかちとり、もろもろの相談を受ける。そうするうちに「世の中を動かしたい」という誘惑に駆られるんです。ですから、政治家と政治家を引き合わせてその密会を記事にする。つまり、自分で特ダネを作りあげることができるようになるわけです。

渡邉さんはトップに上りつめても「生涯、俺は新聞記者だ」と言いつづけています。新聞記者である以上、必ず書く、と。マスコミの世界には「書かざる記者」というのがいます。フィクサーであったり仕掛け人であったりするだけで記事には書かない。しかし渡邉さんは必ず書く。その時は書かなくても、あとになって本などに書くんです。

それはそれで彼なりのモラル、あるいはプライドなのかも知れません。しかしそれが果たして、フィクサーまがいの仕事への免罪符になるのかどうかは別問題です。

保守の論客の若かりし頃

では、渡邉さんの現在をかたちづくった過去の経歴を見てみましょう。

今でこそ保守の論客として知られる渡邉さんですが、そういう人にはなぜか共産党からの転向が多い。彼も日本共産党東大細胞（支部）の党員でした。終戦以降、東京大学では共産党が大変な影響力を持ち、二百人ぐらいの党員がいたとも言われています。渡邉さんも東大細胞の一員として、高校の後輩、氏家齋一郎を誘い入れます。氏家さんはすでに亡くなっていますが、日本テレビのトップとして君臨した渡邉さんの生涯の友です。その氏家さんは、西武セゾングループのトップに立つ堤清二を誘って入党させています。

ただし、右の三人は党のやり方に疑問を持ち、やがて共産党から離れていく。そして渡邉と氏家は、ともに読売新聞社に入社するんですが、渡邉さんは在学中に思索社という出版社で雑誌『哲学』の編集作業に当たっています。そして卒業する際に中央公論社の試験を受けるのですが、あえなく不合格。それで読売新聞に入るわけです。

中央公論社に蹴られたことがずっと彼の中にあったのでしょう、一九九九年に同社が経営危機におちいったとき、読売グループに吸収します。東京・大手町の読売新聞本社内に中央公論新社が入って、幹部役員も読売から派遣されることになったのです。

中央公論に落とされた彼が中央公論に救いの手を差しのべたことを考えると、本当は哲学関係の本の編集をやりたかったんだろうと思います。

正力松太郎の野心

当時の読売はどんな新聞だったのでしょうか。

現在の発行部数は八百万部強。一時は一千万部を突破したものですが、渡邉さんが入社した一九五〇年は、まったくの弱小新聞社でした。

そもそも読売新聞が部数を伸ばしたのは、正力松太郎という人物のお蔭です。巨人軍のオーナーとして覚えている方もおられるでしょうが、もともとは警察官僚でした。虎ノ門事件（一九二三）といって、当時の皇太子（昭和天皇）が無政府主義者の難波大助に狙撃された暗殺未遂事件がありました。皇太子は無事だったけれども、世の中は騒然となって内閣は総辞職、警視総監や、警務部長の正力松太郎も警察を辞職します。

そのとき、正力さんは読売新聞を預かってくれないかと頼まれたんです。請け負った当時の部数が五万五千部。朝日新聞や毎日新聞という大手には及びもつかない、極めて弱小の新聞社でした。そこで正力は経営手腕を発揮します。新聞の拡材として大日本東京野球倶楽部、のちの東京巨人軍を創設。読売新聞を読めば巨人のことが何でも分かる、巨人戦チケットが手に入る、と勧誘してどんどん購読者を増やしていったのです。

正力松太郎は、そもそもは総理大臣になりたいという野心を持っていました。そのためには新聞を利用して世論を味方につけようと、読売主催のイベントなどがあれば、必ず記者に同行させて記事に「正力」の名前を書かせる。でも、記者たちはそんな提灯記事が書きたくないので逃げ回ったと言われています。

日本に原子力発電所を作ろうとしたのも、総理になりたいがためで、「ついに太陽をとらえた」という連載記事を掲載しはじめます（註3）。それまで、日本人が抱いていた「原子力アレルギー」を逆手にとって、核分裂を人間がうまくコントロールすれば地上に太陽のような莫大なエネルギーを得ることができる——つまり原子力発電のＰＲです。

この連載が始まった五四年に部数は二百万部を突破しました。さらに五三年に開局していた日本テレビも、原子力発電のＰＲに大きな力を発揮したのです。間をおかず正力は、総理の座を狙って衆議院議員総選挙に出馬、当選します。

——（註3）読売新聞は一九五四年の元旦から一月いっぱい、「ついに太陽をとらえた」を連載した。

南の海に雪が！

これら一連のキャンペーンは、思わぬかたちで読売新聞の大特ダネに結び付きます。第五福竜丸事件が起きたのです。

「太陽をとらえた」がスタートして間もなくの五四年三月、マグロ漁船「第五福竜丸」が、中部太平洋のビキニ環礁で行なわれていたアメリカの水爆実験によって「死の灰」を浴びてしまいます。アメリカは危険エリアを設定して航行船舶に警告していたのですが、水爆の威力は想定をはるかに上回り、エリア外にいた第五福竜丸に死の灰が降り注いだのです。

といっても、まだ船員には白い灰の正体は不明です。ただ南の海に雪が降ってきた、としか分からない。すると、翌日あたりから突然髪の毛が抜け始め、嘔吐が始まった。船はあわてて焼津の港に帰りました。

焼津市内の下宿屋のおばさんが街の噂でその話を聞いて家に帰ってきたんですね。

「ピカドンを浴びた船員たちが帰ってきて、みんな入院したらしい」

それを聞いた工業高校に通う息子は、読売の連載を読んでいたのでピンと来て、そこに下宿していた読売新聞焼津通信部の通信員に話しました。かくして、第五福竜丸事件が世界的なスクープになったわけです（註4）。ただし、原子力の恐ろしさを日本人にあらためて知らせる逆ＰＲではあったのですけれど。

（註4）第五福竜丸は一九五四年三月一日に被曝。しばらく操業を続けていたが十四日に焼津港に帰港した。間もなく読売新聞記者がそのことを知り、東大病院に搬送されていた乗務員にインタビュー、十六日の朝刊でスクープした。

抗議辞任した湯川博士

一方、日本政府は一九五六年、原子力発電を始めるにあたって原子力委員会を設置します。その委員長が前年に議員になったばかりの正力松太郎です。委員の中には湯川秀樹さん（註5）もいましたが、湯川さんは、原子力発電を始める前にまず専門家を養成しなければならない、急ぐ必要はない、と慎重です。それに対して正力委員長は「国内で作れないのなら海外から輸入してもいい」と、明らかに前のめりになっている。

結局、日本独自の技術が積み上がる前にアメリカのGE（ゼネラル・エレクトリック）の原子炉を導入し、それがやがて福島の原発事故につながったわけですが、当時の湯川さんは強引なやり方に抗議をして委員を辞めてしまいます。

こうして、わが道をゆくかに見えた正力さんですが、ここで大きくつまずきます。それには当時の世相が大いに関わっているのです。

終戦の二カ月後、「読売争議」が起こりました。戦争に協力をした新聞社は、戦後、一転して自己批判を始めます。このとき読売でも、当時二千人いた社員が従業員組合を結成して読売新聞の戦争責任を追及し、正力松太郎社長の退任と全重役の総退陣を要求します。正力社長はそれを一切拒否するどころか、労働組合の幹部をクビにする。当然これには組合が猛反発をする。これが読売新聞争議です。

組合は紙面を自分たちの思い通りに作る、いわゆる労働組合管理によって記事を書くようになります。そうこうするうち、正力社長はGHQから戦争犯罪人として公職追放になります。これによって組合側が勝利をすることになったのです。

どうでしょう。皆さんの読売新聞に対するイメージとはだいぶ違いませんか？

現在の読売新聞は保守を代表する新聞ですけれども、戦争が終わった頃は体制に反発する、組合幹部の多くが共産党員、というような新聞だったんですね。もっとも、「左に寄りすぎている」としてGHQが介入、共産党系の連中は追放されます。それにまた組合が抵抗したりして、結局、右も左も追い出される。残ったのは威勢のいい社会部だけ。読売社会部の伝統は、ここに始まったわけです。

（註5）**湯川秀樹**……一九〇七年東京市出身、理論物理学者。中間子の存在を予言したことで、四九年にノーベル物理学賞を受賞。ノーベル賞受賞はアジア人で三人目、日本人初だった。

大野伴睦の番記者を命じられる

五〇年、渡邉さんは入社して「週刊読売」（註6）という週刊誌に配属されます。

人手不足の編集部ですから一人で何本も記事を書く。それで文章力が磨かれて、いくつも特ダネをものにします。その一つが有名な「山村工作隊潜入ルポ」です。

かつて毛沢東が農村から都市へ攻め上って革命を起こしたように、日本共産党も学生らの党員を山村にもぐりこませ、武力闘争で革命を起こそうとしていた時期があるんです。渡邉さんは、その山村工作隊に潜入してルポルタージュを書いた。これが非常に評価をされ、「こいつはできるやつだ」というわけで政治部に引っ張られる。ここから彼の運命が変わります。

政治部では大野伴睦《ばんぼく》の番記者を命じられます。もうご存じない方が大半でしょうけれど、自民党の副総裁などを歴任した重鎮で、茫洋としたイメージは金丸信や現在の二階（俊博）さんに通じるところのある人です。

大野伴睦と聞いて私がすぐ思い出すのは、岐阜羽島駅。東海道新幹線を通すとき、グルッと遠回りした辺鄙な場所に岐阜羽島という駅ができた。なんでこんな駅ができたのかは駅前広場を見れば分かります。そこに大野伴睦夫妻の銅像が立っているからです。ここは彼の地元で、大野伴睦が強引に作った駅だったんですね。

その大野に、渡邉恒雄がいかにして食い込んだか。

記者は取材相手から「これはオフレコだよ」と言われたら、けっしてそれを書かないのがルールでありモラルです。あるとき、渡邉さんがオフレコだと断った上で報告した内容を、デスクが独断で書いた。翌日の紙面に特ダネとして出ちゃったんです。

大野伴睦は激怒して、渡邉さんに「もうお前とは話をしない」と通告する。そこで常人なら、デスクが勝手に書いたと言い訳をするでしょうが、渡邉さんはそうしなかった。「悪うございました。私の責任です。二度とこんなことを致しません」と謝りました。

後日、大野伴睦は他社の記者から「あれはデスクが勝手に書いたのに、渡邉はその罪をかぶったんですよ」と聞かされる。ここから大野伴睦は「ああ、渡邉恒雄というのは、なんと信頼できる人物なんだ」となるわけです。

（註6）「月刊読売」として一九四三年に創刊し、五二年に週刊化した。長く「週刊読売」としていたが、二〇〇八年の休刊時には「読売ウィークリー」だった。

マスコミ三悪人

渡辺さんが大野伴睦に可愛がられたのには、その生い立ちも関係していたようです。彼は若くして父親を亡くしているからです。一九二六年、五人兄弟の三番目、長男として生まれた恒雄は、たった八歳のときに銀行勤めの父親を亡くしています。父親はまだ四十代でした。そんな恒雄に、大野伴睦という人は父親のような存在に映ったのでしょう。

五九年、岸内閣のときのことです。内閣改造に際して総理大臣は当然、副総裁の大野に相談する。そんなとき渡邉さんは、日頃から付き合いのある若手の中曽根康弘はどうかと大野に薦める。すると大野が総理に「中曽根康弘を科学技術庁長官にしてやってくれ」と頼んで、こうして中曽根さんは初入閣を果たします。中曽根さんはもう渡邉さんには頭が上がりません。のちのちまで二人が密接な関係を保っていったのは当然です。

政治記者と政治家の密着は何も渡邉さんだけではありません。その頃NHKにも島桂次という辣腕の政治記者（のちNHK会長）がいて、彼は大平派に食い込んでいます。大平派の集会では大平正芳の横にすごく偉そうな人物がすわっていて、議員を誰彼となく呼び捨てにして指示を与えている。それがNHKの島桂次でした。

同じようにして、朝日新聞には三浦甲子二《きねじ》（のちテレビ朝日専務）がいて、こちらは河野一郎の番記者として辣腕をふるった。渡邉、島、三浦の三人は「マスコミ三悪人」と呼ばれていました。ただし島さん、三浦さんはすでに亡くなっています。

つまり、当時の実力ある政治記者は、それぞれ有力政治家に食い込んで内閣改造に影響力を及ぼしたりする、それがごく普通の光景だったということです。

今は亡きボスへの献身

渡邉さんがすごいのは、大野伴睦が死んだ後も彼に尽くしたことです。

大野伴睦は戦後間もない時期、芸者を揚げて料亭で飲んでいる最中に日韓関係がらみで暴漢に襲われます。そのとき、芸者がとっさに身を挺して大野伴睦を守った。「大野さんを殺《や》るぐらいなら、まず私を殺してからにしなさい」と言い放ったほどの気丈な女性です。暴漢はその勢いに圧されて、結局大野も芸者さんも助かります。

大野伴睦は、助けてくれたその芸者を愛人にする。糟糠の妻は、例の岐阜羽島駅に夫とともに立つ銅像の、あの人です。六四年に大野伴睦が亡くなるのですが、愛人は遺族の反対で焼香もさせてもらえません。ここで渡邉さんはどう行動したか？

骨拾いのとき、お骨の一部をこっそりポケットにしのばせて愛人に届けたんです。愛人はその骨でもってお墓まで建ててしまったものですから、渡邉さんがやったことも露見してしまいます。しかし、それを知った政界の人間は誰しも、「うーん、彼はそこまで尽くすのか」と、今は亡きボスへの献身ぶりに感動するわけです。逆にいえば、そこまでするからこそ、食い込むこともできたということなんでしょう。

腹芸タイプの大野伴睦の死後は、一転して東京帝国大学を出て海軍主計上がりのインテリ、中曽根康弘に食い込みます。というより、年齢こそ中曽根が八歳ほど上ですが、初入閣のときから渡邉さんには恩義を感じています。渡邉さんは中曽根康弘のために勉強会や読書会を開いたりして絆を強め、中曽根を総理大臣にするために力を尽くします。

その頃、読売の社内、とくに政治部には派閥抗争が渦巻いていました。佐藤栄作派と反佐藤派の対立が読売の中まで入り込んできたのです。そんな中、渡邉さんはワシントンに飛ばされてしまう。ワシントン支局というのは主要ポストですから外形的には大栄転には違いないのですが、渡邉さんにすれば、抗争からはじき飛ばされて不本意だったことでしょう。

もう一つ、渡邉さんにとって辛かったのは、支局にいる外信部のメンバーから浮き上がったことです。なぜなら、外信部の連中には、最重要ポストであるワシントン支局を政治部に奪われたという思いがあったために、「渡邉には近づかないほうがいい」という空気が支配したんです。

ワシントンで鍛えられて

そんなわけで、ワシントンの地で渡邉さんは孤独な思いを味わうことになったのですが、逆境によって人間は鍛えられます。

そもそも派閥抗争というのは、男の嫉妬のなせるわざです。例えば池田勇人と大平正芳（註7）。彼らは師弟関係で結ばれて、たがいの信頼感は深いと見られがちですけど、大平がみるみる力を付けてくると、池田が嫉妬する。そういう例が政界にはごろごろ転がっています。中には、嫉妬が嵩じて裏切りに発展することだってあるのです。

渡邉恒雄はそんな光景をいやというほど見てきたうえに、今度は自らが嫉妬の渦に巻き込まれてしまったせいで、人間ってどんなものか、つぶさに見ることができたわけです。そして、自分に近づく者、遠ざかる者を見て、逆境に立たされてもなお自分についてきてくれる者こそが真に信頼ができると知るわけです。こうして、彼は人間の見極め方を身につけていったんです。

これがやがて社内政治に生かされます。病気に倒れて「ああ、彼はもう失脚だな」と言われる人でも渡邉さんは見離さない。入院先まで行って、きちっと筋を通すわけです。すると、その人が元気を取り戻して復帰したりする。その人から渡辺さんへの信頼は、けっして崩れることはありません。政治の世界、男の世界には、嫉妬とともに、そういった人間関係が存在するのも確かだと思います。

（註7）池田勇人は一八九九年生まれ。「所得倍増計画」で知られ、総理大臣を三次務めた。大平正芳は一九一〇年生まれで、大蔵大臣時代の池田の秘書官を務め、支えた忠臣であった。後に大平も総理大臣を二次務めたが在任中に死去（一九八〇年）。

編集と経営は両立できるか？

やがて中曽根康弘が総理大臣になり、渡邉さんは論説委員長になります。ここから読売新聞のいわゆる社論が統一され、急激に保守的に変わっていくんです。

渡邉論説委員長はいかにして社論を統一していったのか。渡邉さんから直接指示を受けた人が、私に教えてくれたことがあります。

週の初め、渡邉さんは出社すると部長、局長らの幹部を集めて延々とぶち上げるんです。「今週は政局がこうなるから、君たちはこういう方向で記事を書け」。みんなメモをしっかり取って各自の部署に散っていきます。そして論説委員長の立てた方針を記者たちに徹底させる。記者には自分の意見を記事に差しはさむ余地はありません。

これ、日本共産党中央委員会のやり方なんです。私に教えてくれた人が感心していました。「あぁ、かつて共産党員だった経験が、こんなところに生かされていたんだ」。

渡邉さんは現在も主筆として紙面に関して責任をもっており、記事が統一された方針にそって書かれる点では、まったく変わっていないということです。

ここでもう一つの論点が見えてきます。それは、彼は紙面の責任者であると同時に、経営のトップでもあることです。そうすると、新聞の消費税は軽減税率の八パーセントを適用してくれと政治に働きかけるのは、経営者としては当然ですけれども、新聞の紙面にそのことをちゃんと書かなければ、読者から「なんだ、自分たちだけこっそりトクしようという魂胆か」と批難を浴びるでしょう。それでも主筆は、経営の観点から読者の声を無視するんでしょうか。

アメリカでは、編集と経営が切り離されているのに対して、日本では新聞記者が昇格してそのまま社長になります。これは朝日も毎日も産経も、そして日経も同じです。ただし、読売のように編集と経営の責任者が兼任はしていません。

渡邉さんはつねづね「俺は生涯、新聞記者だ」と言っています。その意気は買うとしても、経営者としての邪念が入る可能性もあるでしょう。それでは読者の信頼を失うこともありえます。生涯記者であろうとするなら、経営のトップは降りられたほうがよろしいんじゃないかと私は思うわけです。

今はみんな「ナベツネ」と読んでますけど、昔は「ワタツネ」と呼ばれた時代もあったそうです。こうしてあだ名で呼ばれるのは、いい意味でも悪い意味でも大変な人であることを物語っているんではないか。——ということで質疑応答に移りたいと思います。ありがとうございました。

Q&Aコーナー

質問者Aさん　渡邉さんは中央公論に落ちて読売に行くんですけど、その前に朝日を受けて落ちたと本人が語っていますよね。だとすると、そのことが彼のコンプレックスとなり、上を目指す原動力になったと考えていいんでしょうか？

池上　確かに当時の朝日新聞は、クオリティペーパーとして格があったのは事実です。そこに入れなかったというコンプレックスは間違いなく渡邉さんにあって、「今に見ておれ」という気持ちでいただろうとは想像できますね。

これは私が就職試験を受けた七二年頃の話ですが、当時、就職協定を守っていたのはマスコミだけで、内定を出すなんてこともやらなかった。七月一日に試験を行なうのが朝日、毎日、読売、共同、ＮＨＫで、翌日の七月二日は産経、時事、日経でした。だから、一日に落とされた人が翌日、別の会社の試験を受ける。そういう序列の構造があったわけです。

私たちの頃も、試験日こそ一緒でしたけど朝日と読売には明らかに格差がありました。だから、自信のない人は朝日をあきらめて読売を受けた。ところが、ある年から読売は抜け駆けで、真っ先に内定を出すようになったんです。そのとき読売の幹部が、「早めに内定を出すと、こんなに優秀な人材が集まるんだ」と漏らしたそうです。そのあたりから急激に、読売の紙面の内容が朝日と肩を並べ、あるいは超えるようになっていったんですね。

いつの時代でも、マスコミにかぎらず会社間には格差や序列があって、そこに働く人間には鬱屈もあれば、それに打ち克とうとする意志みたいなものも充満しているんですね。

質問者Bさん　一個のカリスマ指導者がメディア企業を言論統制することについて、やはりメディア企業に勤められていた池上さんはどうお考えかお伺いしたいです。

池上　原則的に新聞と放送は違うんです。放送は放送法に縛られて中立公正でなければいけない。しかし新聞には新聞法なんていう法律はない。純然たる民間企業ですから、どんな言論を打ち出そうとも自由です。渡邉さんが社内の言論を締め付けようと、どうこう言われる筋合いではないわけです。ただ、外に向かって言論の自由を言いながら、内に対して言論をしばるのはいかがなものか、ということですね。

この問題を論じるとき、「インテリの弱さ」というものを考えざるを得ないんです。インテリって弱いんですよ。渡邉さんのような記者としても経営者としても優秀なカリスマに大きな声で言われたりすると、それに逆らえない。私がＮＨＫにいたときも、島桂次さんが会長に就任した途端、あれよあれよという間にみんながなびいていきました。彼が失脚して、川口幹夫という人格者がなった途端、会社がいっぺんに明るくなった。でも、再びカリスマが現われると、またインテリは物を言えなくなってしまう。

この現象は、残念ながらどこの企業にもあるんですね。ただ、メディアではそれが非常にはっきりと出る。だから研究対象になるわけです。本来、経営とはどうあるべきかを考える上で、カリスマとインテリとの問題は研究材料になるのかなと思っています。

質問者Cさん　前川次官の記事のところで「この体制は長く続かない」とおっしゃいましたよね。渡邉さんの体調は別にしても、これから読売はどうなっていくんでしょう?

池上　カリスマ指導者がいなくなった後は大変です。例えば、そのカリスマが後継者を指名した途端、権力はそっちへ傾いていく。それが分かっているから、権力を維持するためには後継指名をしてはいけないんです。毛沢東が林彪《りんぴょう》を後継指名した途端、林彪によるクーデターが起きた、なんてことになりかねないわけです。

これから誰かの名前が挙がってきても、なかなか難しいだろうと思います。とにかく、読売って社内の情報が漏れてこない。そのあたりも日本共産党に似ていますね。

一般論ですけれども、トップが実際にいなくなると、外された人が戻ってきて中興の祖になるパターンもあれば、みんなが譲り合った結果、あまり能力のない人が後を継いで組織がおかしくなってしまうパターンもある。さて、どっちになりますか……。

第6回

堤 清二

詩人経営者の血脈

八〇年代、バブル期に
セゾングループは独自の文化を発信、
人々を魅了し一時代を築きました。
同グループを経営したのが
「詩人経営者」と呼ばれた堤清二です。
複雑な生い立ちを持つ彼の、
〝自己否定〟を繰り返した
足跡を辿ってみます。

堤清二

つつみせいじ　元セゾングループ代表、作家。一九二七年、東京府生まれ。東京大学を卒業し、肺結核の療養後、西武グループ創始者の父・康次郎の秘書に。六四年の父の死後、同グループの総帥を異母弟・義明に譲り、自身は小売りを担当。「感性経営」でパルコや無印良品などを成功させた。バブル崩壊で経営が破綻し、九一年に代表を辞任。作家・辻井喬としても活動した。二〇一三年没

池上　きょうは少し趣向を変えて、まず皆さんに、堤清二という人にどんなイメージを持っているかをお聞かせいただこうかなと。

Aさん　私は、常に自己否定をしながらやってきた方かなというふうに思っています。百貨店がいいときに百貨店の先を考えていたところとか、ですね。

池上　自己否定ね。まさに、きょうお話ししようと思っていたキーワードの一つなんです。ほかにどなたか……おう、ぼく。手を挙げてくれてありがとう。

小学生B君　すごく賢そうな感じがする。

池上　そう、本当に賢かったんだよ。亡くなる前、私はインタビューしたことがあって、もっと長いインタビューをして本にしたいなと思っていたのですが、二〇一三年に亡くなってしまった。きょうはその時のインタビューのことなんかもお話ししていこうと思っています。

じゃ、ここから本題に入っていきますね。

今おっしゃったように、一つは「自己否定」がキーワードなんです。この言葉は、あとで彼の仕事ぶりを見ていく中でたっぷりと出てくるはずですが、これが最終的にはセゾングループの解体を導く要因になってしまうことだけをお伝えしておきます。

ほかには「父親」というキーワード、「異母弟」というキーワードがあるんですが、それを説明するために、まずは堤清二という人の生い立ちから始めてみましょうか。

「化け物」を父親に持って

堤清二の父は康次郎と言います。家系図の堤康次郎の左に、ずーっと女性の名前が並んでいますね。未入籍とあるのは愛人のことです。この中の三番目の妻に青山操《みさお》さんがいますが、彼女が堤清二を産んだ母親で、その左の石垣恒子さんは、堤義明さんの母親です。そして、ここに出ている以外にも大勢の女が康次郎のまわりにいました。

康次郎という人は、まず軽井沢の別荘地を手始めに不動産開発で財をなした人です。権力欲もあり、地元の滋賀県から国会議員に選出されて衆議院議長にまでのぼりつめている。男性としても非常な発展家で、現在のモラルからすると断罪されてもおかしくない生活をしていたのです。彼は化け物としか言いようのない人物で、この父親への愛憎、反発から清二は共産党に走ります。ただし、父と子の関係を断つわけではなく、父親をなんとか理解しようという過程――これが彼のペンネーム、辻井喬の小説になっていく。

さらに、異母弟である堤義明に対する……こちらは愛憎というよりむしろ軽侮の念といいますか、それもまた堤清二という人間をかたちづくっているんです。

ある日突然、大豪邸暮らし

家系図では、康次郎をめぐる女性には、正妻と愛人とに画然とした違いがあったように見えま

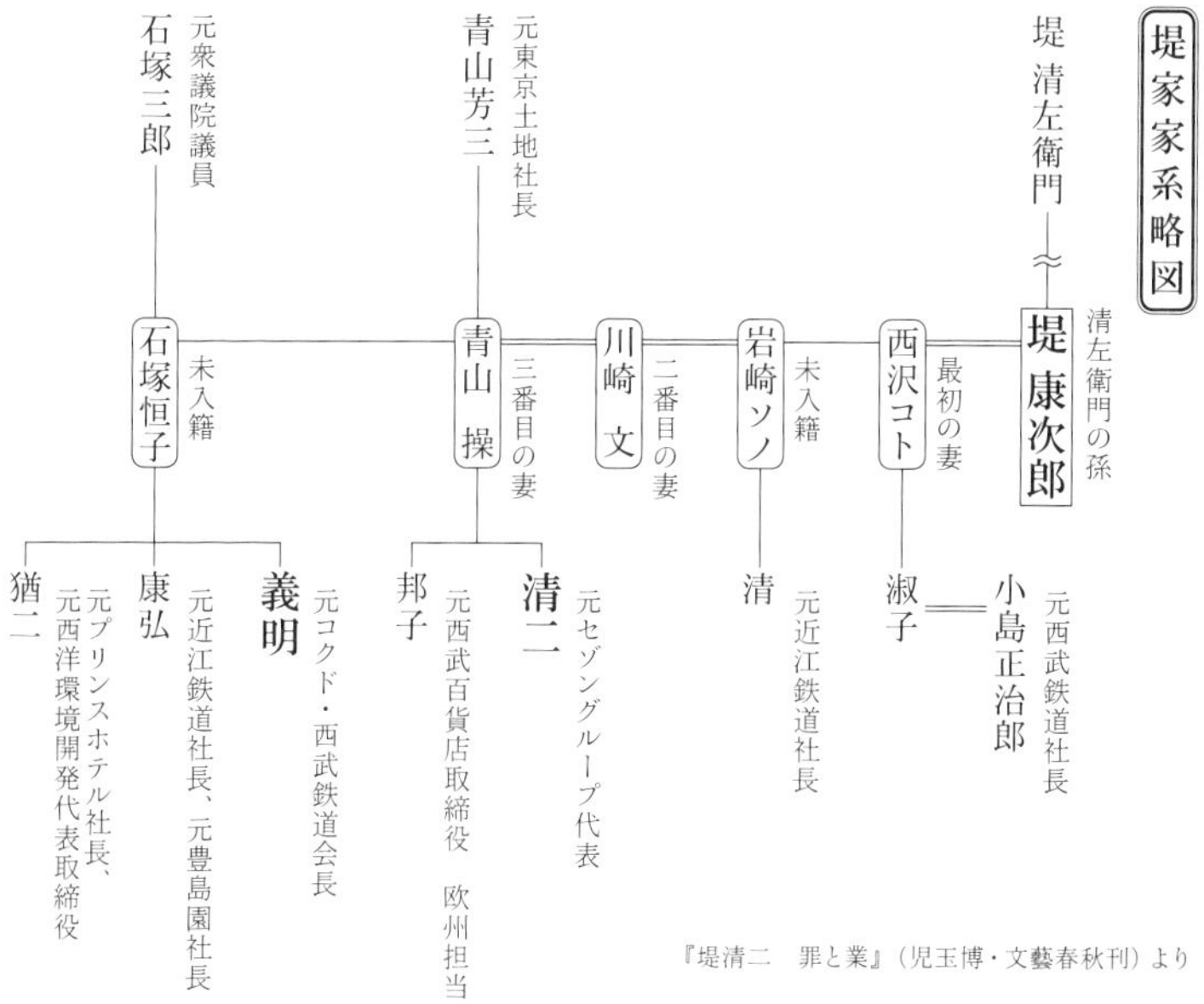

『堤清二　罪と業』（児玉博・文藝春秋刊）より

すけれど、愛人から正妻に昇格した人たちもいる。清二の母、青山操もそうでした。

あるとき清二さんは母親に呼ばれ、こう訊かれます。「清二や、お前の苗字が『堤』になるけど、かまわないかい?」。彼は小学生の頃まで「青山清二」という名前だったのです。まったく事情がのみこめないままに清二は答えます。「べつに構わないよ」

やがて入籍とともに、清二は康次郎の住む大豪邸で暮らすことになるのですが、それまでの母親と一歳下の妹・邦子との三人暮らしは、とてもつましいものでした。

貧しさもさることながら、清二には、時々訪れては泊まっていく父親が、母親を奪う暴君にも思えたようです。のちに彼が辻井喬の名前で書く小説は、一応フィクションの体裁をとってはいても、題材が父親との衝突であったり葛藤であったりすると、これはモデル小説だなという読み方をされてしまう。それはそれで仕方のないことでした。

清二は、資本主義の権化のような父親への反発から共産党に走ります。しかし、渡邉恒雄さんの授業でお話ししたように、共産党が路線論争をきっかけに分裂したあと、彼は党から離れるんです。そのあと結核に倒れます。大量に喀血をして生死をさまよっているとき、ストレプトマイシンが効いて恢復、そしてようやく社会に復帰をする。

といっても、入党し、挫折し、闘病したような男に就職口はありません。そうしたら父親から「わしの秘書にならんか?」と打診されたのです。もっとも、清二本人に言わせると、すでにいた秘書のあまりの無能さに、「ぼくが手伝おうか?」と救いの手を差しのべたところ、父親が大喜びしたということになります。このへんにも父に対する清二さんの複雑な心情が見てとれます。父親から仕事をもらうのを潔しとしない一方で、父親が困っているのをみると助け舟を出してしまう……。

ともかくも、こうして彼は堤康次郎の秘書としてつとめ始めるのです。

「ラーメン・デパート」を再建

堤康次郎は、国会議員の仕事が忙しくなると、子どもたちに自分の事業を割り振ります。清二さんに任されたのが池袋の西武百貨店というおんぼろデパート。引き受けた当初は「ラーメン・

デパート」と呼ばれていた、という言い方を清二自身がしています。そのココロは、何も買うものがない、「ラーメンでも食うか」と店に入ってみたら、本当にラーメン食べるぐらいしかなくて、すぐ外に出ることになった、と。

戦争中、行政は、郊外の畑にまく糞尿を鉄道に運ばせようとしました。しかし小田急も東急も、「そんなみっともないものは運べない」と断る中で、武蔵野鉄道だけがこれを受け入れた。今の西武鉄道です。ちなみに、西武の車両が黄色いのは「糞尿から来ているのさ」と悪口を言う者もいるんですが、もちろん根拠は全くありません。

西武百貨店も戦争の前後は武蔵野デパートという名称でした。それが「西武」に変わったのは一九四九年、清二さんが取締役店長として経営を引き受ける六年前のことです。

引き受けたときの肩書は店長。でも、最初のうちは支配人付です。支配人は青山二郎という、母親（青山操）の弟で、これがやっかいな存在でした。

清二が青山支配人の経営ぶりを綿密に洗いだしたところ乱脈そのもの。業者に高額発注をしてリベートを取り、遊興費にあてていたのです。父親に「青山の叔父さんは辞めさせていいか」と持ちかけると、「やっぱりそうか」――うすうす気づいていたんですね。で、辞めさせようとした途端、青山二郎の奥さんが怒鳴り込んできたんですが、父親はそれをハネつけられない。どうやらその奥さん、康次郎の元愛人だったというのですから、そちらのほうも乱脈というか、爛《ただ》れきっています。

とにもかくにも支配人を辞めさせて百貨店の再建に取り組むのですが、父親からは様々な無理難題を言われました。日米安保条約をめぐって日米関係が最悪となったときは、関係を良くするために「アメリカに西武百貨店を出せ」。仕方なくロサンゼルスに出店したものの、うまくいくわけがなく、結局撤退を強いられます。

それでも、高度経済成長政策で消費ブームが起きると、おんぼろだった西武百貨店もその流れに乗ってどんどん売り上げを伸ばしていき、都内や近県にも次々と出店します。ここで彼は、きちんとした経営の必要に迫られ、二つの方針を立てるのです。それは――、

1　労働組合を作らせること。
2　大学卒業生を採用すること。

当時の百貨店では、中学を出て田舎から上京して就職した若者が少なくありませんでした。彼らのほとんどは郷里を出るとき、親から「お前、あっちでは労働運動なんか絶対やるなよ」といましめられていますね。そんな調子ですから、当初はざっと三割の従業員が組合入りを断ったといいます。最後には会社が説得して全員を加入させたようですが、経営側が組合結成を後押しするとは、元共産党員ならではの理想論。でも、堤さんには、組合のある会社組織のほうが健全だとの思いがあったのでしょう。

大卒を採る・採らない

もう一つの「大卒採用」については、やはり父親との関係で解釈することができるでしょう。堤康次郎の考え方は「商人（あきんど）に学歴は要らない」というもので、大卒は一切取ろうとしていませんでした。しかし清二さんは、これからの経営のことを考えると大卒を採用しなければ、と父親を説得したんです。対照的なのが西武鉄道グループを任された異母弟の堤義明さんでした。彼は高卒、それも鉄道学校から採用する。その理由を説明していわく、「頭脳はオレ一人で十分だ。あとの者はオレの言うことを聞けばいい」。

彼は後年、インサイダー取引の容疑で逮捕、有罪判決を受けます（註1）。経営から一切身を引いて以降の西武鉄道グループは、もちろん大卒を積極的に採用していますが、義明さんは父親と同じ発想でグループを率いていたわけです。

このように、お互いに反発し合う二人なのですが、今一度、家系図をご覧ください。

清二は一応長男ということになってはいますが、右下の方、岩崎ソノさん（未入籍）の息子に清という人物がいて、この人が長男であることが分かります。清が長男、清二が二男なんですね。

この堤清という人は近江鉄道の社長だったのですが、康次郎の死期が近づいてくると、世間は「後継者は誰になるんだろう?」と騒ぎたてます。そんな空気に嫌気がさしたのか、清さん本人が「廃嫡してくれ」と、自分から堤家を抜けてしまう。こうして、清二×義明による骨肉の争いの条件がととのったわけですが、それを避けたのは「長男の役回り」を引き受けたはずの清二さんでした。

「私は鉄道のほうを受け継ぐつもりはない。百貨店だけあれば十分。あとは全部義明さんに」と身を引いたのです。これによって、六四年に康次郎が急死しても、とりあえずは激しい跡目争いとならずに済んだのでした。


（註1）二〇〇五年三月に逮捕され、十月に二年六カ月（執行猶予四年）の実刑判決。これを機に西武鉄道グループの直接的な経営からは外れる。

異母弟に頭を下げる

堤義明さんが受け継いだ西武鉄道グループには、例えば国土計画や各地のプリンスホテルがあります。堤清二さんが受け継いだ西武百貨店グループは、おんぼろデパートしかありません。だから、義明にとって清二は脅威でも何でもなかったのです。

ところが、清二には経営の才があった。西武百貨店がどんどん稼ぐようになるにつれて、義明の清二を見る眼も険しさを増します。とりわけ対立が決定的になったのは、東池袋の巣鴨拘置所跡地をめぐって「サンシャインシティ」計画が持ち上がったときでした。

元の巣鴨プリズンが移転することになり、清二さんはここに新都心を建設しようと財界から出資をつのり、六十階建ての巨大ビルを建ててショッピングセンターやホテルを計画したのです。ホテル業は堤義明さんの領分のはず。しかし清二さんは、それには構わず計画をすすめます。

ところが、思わぬ事態が起きました。着工直後の一九七三年、オイルショックが勃発したのです。入店予定のお店が入らなくなる、投資金が引き揚げられる、建設資金が不足する……。結局、超高層のサンシャイン60が完成したのは五年後の七八年、そこに彼が作りたかったホテルは「サンシャインシティプリンスホテル」の名になってしまいました。義明に頭を下げるかたちで資金援助を求めたからです。このとき清二さんは大きな挫折を味わうことになったのですが、彼のホテルに懸ける情熱は、これではおさまらなかったのです。

セゾンカードの使えない場所

堤清二さんは、西武百貨店を中心として流通業の拡大を図る中で「緑屋」に目をつけます。緑屋というのは、当時月賦（割賦）販売をしていた百貨店に似た小売店です。「月賦」という言葉自体、もう死語になってしまいましたけれど、この緑屋を西武百貨店が買収し、クレジットカードの販売会社クレディセゾンに変えた。それが八三年に発行を開始した「セゾンカード」です。

最初、このカードは「西武カード」の名称でしたが、それじゃ三越や高島屋などの他店で使えないイメージになってしまう。いつでもどこでも使えるカード、春夏秋冬使えるカードだから「セゾンカード」にしよう――。セゾンはフランス語で「四季」ですね。

でも、たった一カ所、使えないところがありました。西武鉄道グループ系列の店です。プリンスホテルに泊まってセゾンカードを出しても「使えません」と断られてしまう。現在ではそんなケチなことはなくなっていますけれど、当時はまあ嫌がらせですよね。

清二さんは、セゾンカードが順調に滑り出すと、グループ名も、西武流通グループから西武セゾングループへ、さらには西武も外してセゾングループへと変えていくのです。

宴会ホテルもいいけれど

堤義明さんの弟に猶二《ゆうじ》という人がいます。プリンスホテルの社長をしていました。堤義明のもとで経営状態の良くない高輪プリンスホテルを任され、見事に立て直した人物です。性格もよく、みんなが彼を慕って集まってくる。これに義明さんは嫉妬して、「弟のくせに許せん！」と、カナダのトロントプリンスホテルに追いやるのです。

そんな猶二さんを引き取ったのが堤清二さんでした。「じゃあ、われわれがホテル経営に乗り出す際、彼の力を借りよう」。そうして八七年、清二さんはホテル西洋銀座という、部屋数が七十七室しかない高級ホテルを作るんです。

日本では、高級ホテルといえば必ず宴会場が備えられています。客室だけでは利益が上がらないからです。それがヨーロッパあたりに行くと、小ぢんまりとして落ち着ける高級ホテルがあります。そういうホテルにはバトラーと呼ばれるホテルマンがいて、その宿泊客の世話をしてくれる。清二さんの言葉を借りれば「宴会ホテルもいいけれど」――そう考えてホテル西洋銀座を作り、堤猶二さんにまかせたわけです。つまりそれは、プリンスホテルに対するアンチテーゼなんですね。

堤清二さんのホテル事業は、まだまだとどまるところを知りません。八八年、なんと世界中に展開するインターコンチネンタルホテルズグループを買収するという挙に出たのです。しかし彼は、買収のために無理に無理を重ね、多額の負債を抱えながら買収に漕ぎつけるのですが、こうなるともう、義明さんへの当てつけとしか言いようがありません。

これが命取りになりました。やがてバブルがはじけてインターコンチは手放すことになり、さらには、セゾングループそのものも解体へと向かうわけです。

西友ストアーとPARCO

堤清二という経営者がいかに優れていたか。その優れていた理由は、やはり「自己否定」に求めることができると思います。

例えば、西武百貨店を展開する一方で、「西興ストアー」という小さなスーパーを「西友ストアー」に名を変え、スーパーマーケットの経営に乗り出します。デパート業界のライバルたちは、なんで好きこのんでスーパーを、とあざ笑ったそうですが、堤さんにいわせれば、これも「自己否定」の一種なんです。

そして皮肉なことに、西武鉄道の沿線に次々と西友ストアーを作っていく。しかも西武鉄道のターミナル駅・池袋には西武百貨店がちゃんとあるわけですから、西友ストアーをわざわざ作るのは自己否定にほかならないわけです。実際、このスーパーチェーンは一世を風靡することになりました。

もう一つ、自己否定の例として挙げられるのが「パルコ」です。今の池袋パルコのあたりには、昔、丸物《まるぶつ》百貨店という関西系の冴えないデパートが営業していました。その丸物の売却話を聞いたとき、並の経営者なら「西武百貨店とくっつけて店舗をひろげるか」と考えるでしょう。でも、堤さんは違った。百貨店とは全く異なる業態を作れないだろうかと考えて、中学時代の同級生、増田通二に全権をゆだねます。

増田という人は変わり種で、東大在学中には国土計画でバイト、そのあと高校の社会科教師をやめて、奥さんの実家が出店していた西武百貨店内の花屋を手伝っていたところを、堤さんに乞われて西武に入社した人なんです。その増田さんに作らせたのがＰＡＲＣＯ。イタリア語で広場、英語ではｐａｒｋですね。若者たちも気軽に入れるショッピングセンターとして、一九六九年にパルコが開店、さらに渋谷にも進出したのです。

これが大変な波紋をまき起こします。

というのも、渋谷は何といっても東急のお膝元。その東急には五島慶太という、「強盗慶太」の異名をもつカリスマ経営者がいました。西武の堤康次郎のまさにライバルで、両者の因縁の戦いが、かつて箱根を舞台に繰り広げられたものです。

そもそも、堤康次郎が早稲田大学に合格して郷里の滋賀を出る際、その祖父・清左衛門――関係ない話ですが私の父の名前も清左衛門でした――が土地を全部売り払って、かなりのまとまったお金を持たせてやった。それで康次郎は、学生でありながら軽井沢に別荘の分譲を始め、これで大成功を収めます。

次に狙いを定めたのが箱根でした。康次郎が相手にした小田急の背後には東急の五島慶太がついていて、バスの運行シェアをめぐる戦いは「箱根山戦争」と呼ばれました。結局はおたがいが路線バスの相互乗り入れを認めることで決着をみましたが、戦後間もなくから二十年近く死闘が繰り広げられたのです。

こんどは西武と東急の直接対決です。東急のお膝元である渋谷に堤康次郎の息子が殴りこむというので、「すわ、渋谷戦争か」と大騒ぎになったのですが、清二さんは東急にちゃんと話を付けました。そして渋谷に西武百貨店を作り、さらには公園通りにパルコを作ろうということになるんです。

「公園通り」はイメージ戦略

今の公園通りは、とても華やかでお洒落ですよね。けれども、パルコができた七三年当時は、カップル専用のホテルが点々とある地区でした。私がＮＨＫに入局して地方勤務に赴く前、内幸町から代々木に引っ越した放送センターを見学に行きましたけど、あたりはその種のホテルがあるだけで、たった一軒、喫茶店があった（今もある）のを覚えています。いや、そもそも公園通りとかスペイン坂の名前だって、西武のイメージ戦略で付けられた名前だったんです。

渋谷パルコの誕生で街がお洒落になったばかりではありません。パルコの最上階にパルコ劇場を作ったのも、堤清二さんの「文化で街づくりをしたい」という思いによるものです。客の入りと金儲けのことを考えたら、もっと大衆受けする劇場にしたでしょうが、堤さんはそこに最先端の現代演劇などを持ってきた。これもまた彼一流の自己否定です。

セゾン文化花盛り

堤清二流「自己否定」で成功したものと言えば、「無印良品」でしょう。

実は、これには前段があります。彼の一歳下の妹、堤邦子さん、西武百貨店の欧州担当重役だった人ですが（故人）、彼女もまた、父親への思いがあって反抗し、二度の離婚後は子どもを置いたままパリへ行ってしまい、その地で浮名を流すのです。ところが、パリの社交界でさまざまな人間関係を作りあげ、その人脈から、フランスのブランドを西武が一手に引き受けることに成功。池袋のおんぼろ百貨店を一流のデパートに仕立て上げたわけです。

ここでまた堤清二さんの自己否定が出てきます。「ブランドじゃないものを作れ」ということから生まれたのが無印良品なんです。品質はいいのに安い、そのわけを説明しながら売った。これが爆発的にヒットして、今や「MUJI」として海外にも受け入れられるようになったんです。これには清二さんが嘆きます。「ブランドを否定して無印良品を作ったら、それがブランドになってしまった」――。

あるいは「LOFT」もそうです。実はこれにはヒントがあった。東急ハンズです。あれは東急電鉄でも東急百貨店でもなく、東急不動産が、たまたま手に入った神奈川県藤沢の土地に「何か始めようかな」といって建てた「男の手づくりショップ」です。いわば素人の始めたお店がうまくいったわけですが、これを見た堤清二さんが、「東急ハンズに売っていないものを」といって渋谷にロフトを作ったんです。

七五年には後に「リブロ」となる「西武ブックセンター」が「文化の薫り高い書店を」という清二さんの発想でできました。他の大手書店には置いてないような写真集だとか、文化の最先端をいくような尖った本が並んでいて、セゾングループの文化戦略の発信地となったのです。

余談ですけれど、読書家の堤さんもここで本を買って、経営会議の場で「あの本にはこう書いてあったけど」と、暗に「君たちも当然読んでるだろ」という調子で経営陣にぶつけます。「読んでいません」などと言おうものなら、露骨にバカにされる。

そこで部下たちはどうしたか。リブロの店員に堤さんが何を買っていったかを報告させるわけです。一冊や二冊じゃないので、経営陣は一冊ずつ分担して、その要約を作ってコピーをみんなに回す。そうやって予習したうえで次の経営会議に臨んだわけです。これって、中内ダイエーで見た風景にも似ていますよね。

カリスマ経営者はみな、強烈な個性を持っているものの、いつの間にか似てくる。中内さんも、堤清二さんも、そして義明さんも。そしてその下で働く人たちは、みんな一様にカリスマ経営者の顔色を窺うようになるんでしょう。

近づいてきた落日の刻

兵庫県尼崎市に作られたショッピングセンター「つかしん」も、自己否定の産物といっていいでしょう。その中心には西武百貨店が店を構えてはいるのですが、堤さんはあえて「売り場を減らせ」と命じました。広い売り場で売上をふやすべき百貨店としては、自己否定です。そして堤さんがつけた注文は「ゴチャゴチャした街を作れ」――「ゴミ感」のある所にこそ人は集まるんだというわけです。

もっとも、「ゴミ感」を出すために造った池に魚を放ったら、水道水をそのまま入れたので、みんな水道水の塩素で死んじゃったという失敗もありました。これもまた、カリスマ経営者に従業員の能力が追いついていかない一つの証ですよね。そして案の定、「つかしん」の経営はうまくいかず、西武は二〇〇四年に完全撤退してしまいます。

堤さんの大きな夢は「西武銀座店」を作ることでした。ちょうど朝日新聞社が築地に移転して、その跡地に作ろうとしたのに、銀座に店舗を構える松屋や松坂屋から「そこは有楽町だ。銀座店を名乗ってほしくない」と猛反発を受けたのです。仕方なく「西武有楽町店」としてオープンしたのですが、ここでまた堤さんの悪いクセが出た。「商品を売るんじゃなく文化を売るんだ」

私も店に入ってみましたが、いかにもデパートらしい売り場が見当たらない。「イベントを売るんだ」とセゾンチケットのプレイガイドが設けられましたが、その発想に部下たちはついていけません。八四年のオープンから二十六年後、堤さんの夢とともに、この店も消えてしまいました。

堤清二さんは、自己否定から生まれた新しい業態が成功すると、西洋環境開発という会社を作ってデベロッパーの仕事にも手をひろげました。でも、この会社で手がけたインターコンチネンタル買収が致命傷になりました。バブルがはじけて、とてつもない負債を抱えてしまったんです。そのため、ロフトも無印良品も、あるいは西友も、バラ売りをすることで借金を返します。セゾングループの解体です。そして最後には、清二さんが私財を抛って返済に充てたのです。救いはというと、セゾングループは消えてしまったけれど、パルコや無印良品、ロフトは今もちゃんと生き残っていることでしょうか。

遺されたDNA

堤清二さんのやったこととは、いったい何だったのでしょうか。

かつての百貨店には、文字どおり〝百貨の店〟で、何でも売っていました。それが今、家電や家具などの大型専門店チェーンの出現で、誰も百貨店で買わなくなりました。

百貨店から始まった清二さんの自己否定の連続は、現在百貨店の置かれている状況を見通していたからこそ、だったのかもしれません。彼には先が見えていたのです。見えていただけに、単にモノを売るのではなく、文化を作り出すという壮大な夢に挑戦をした――それが堤清二の生涯の仕事だったのかも知れません。

一方で、彼には詩人、作家としての顔もありました。その文学活動の中で三島由紀夫との交友を築きます。三島が陸上自衛隊市ヶ谷駐屯地に突入したときの軍服は、実は清二さんの紹介で西武百貨店で仕立てられたものでした。

三島は森田必勝《まさかつ》の介錯によって割腹自殺を遂げるのですが、以降、事件の詳細が報じられる中で、堤さんはある事実を知ることになります。

彼は三島に連れられて、マッチョな男たちばかりが集まるお店に行ったことがあります。そのときは「へえー、こんな世界があるんだ」ぐらいに思っていたのですが、三島事件で三島と森田との関係を知って愕然とする。そしてこう述懐しています。「もし私が、むきむきの男たちに興奮したりしていたら、三島さんは私をきっと別の世界に誘っていたことだろう」

――これが堤清二という人物です。彼の経済活動や文学活動の背景には、父親に対する愛憎があり、異母弟に対する軽侮の念があって、その中で一時代を築き、そして消えていったのかなと思えるのです。

いわゆる西武セゾングループは解体し、堤清二は亡くなったけれども、今もあちこちにそのDNAは息づいている――。私はそう思っています。

Q&Aコーナー

質問者Cさん　康次郎の財産分与の際、父親の意向が働いたフシはあるのでしょうか？　それとも清二さんが自ら身を引いた面があったのでしょうか？

池上　実は母親の操さんが亡くなってだいぶたってから、清二さんが母のカバンの中を見たんです。そうしたら、なんと康次郎の遺言書が出てきて、《西武鉄道グループの株はすべて清二に相続させる》と書いてあったそうです。つまり父親は、事業の中核部分を清二に譲ろうとしていたと知るんです。

ただし、清二さんは共産主義に傾倒していたこともあって、資本家として上に立とうという発想はなく、むしろ反発をしていた。それと、経営者としての野心をむき出しにしている義明という弟がいるのを見て、「これは自分が譲ったほうがいいだろう」と。

だけど人間というのは、割り切ったつもりでもそうはいかないものなんですね。清二さんは、義明さんの経営ぶりを見て、だんだん露骨にバカにするようになる。それで自分もホテルや土地分譲、バス事業にまで乗り出していったんだろうと思います。

質問者Dさん　肌合いの違いといいますか、文化や教養を好む清二さんに対して、義明さんは資本主義を極めようとしていたように見受けられます。半分は同じ人のDNAを受け継いでいるのに、この肌合いの違いはどうして表れたんでしょう?

池上　半分は父親のDNAで、経営者としての顔が似てしまう。残り半分は母親のDNAで、両者の母親が大きく違うのではないかと――これはただの推測です。清二さんの母・青山操さんは詩人でした。彼女の詩集を清二さんは全部そらんじることができるぐらいに愛していたそうです。子どものときから文学に親しみ、母親の影響を強く受けてきたのは確かだと思います。

そういう意味でいうと、父親のDNAをより一層受け継いでいたのは義明さんかも知れない。義明さんは父親からの遺産の相続税を納めなくてすむように株の名義貸しをやり、その容疑で逮捕されるわけです。そのとき同時に、実に乱脈な女性関係もいっぱい出てきて、「ああ、父親そっくりだ」とみんな思った。ですから、義明さんは父親の負のDNAを背負ってしまった、という言い方もできますね。

質問者Eさん　堤さんが目指したものって、「モノよりコトを売る」にしても、今の小売業界でも言われていることなんですね。それは、彼がきわめて先験的に未来を見ていたのか、それとも、この二、三十年、日本が変わっていなかったのか、一体どちらなんでしょうか？

池上　例えば西武百貨店はコピーライターの糸井重里さんを起用して、《ほしいものが、ほしいわ》とやりましたね。一九八八年ですから、バブル経済真っ盛りです。私はこのコピーを見て衝撃を受けました。そうだ、欲しいものがなくなってる。いろんなものをみんな買ってしまって、ものが売れなくなってきている。

かつて「いつかはクラウン」というキャッチコピーがありました。まず中古車を手に入れて「ドライブ・デートをするんだ」と胸躍らせたものです。欲しいものがいっぱいあったんです。

豊かになってくると、欲しいものがない、ものが売れない。これは今の時代そのものです。そういう意味では、堤さんは未来を見る能力があったともいえるんですが、もう一つ、彼には破壊願望があった。共産党に入ったのもそう。自分が作り出したものを否定するのもそう。そういう破壊願望、自己否定がセゾン文化になっていったんじゃないかと、私はそういうふうに見ています。

質問者Fさん　堤清二という人は経営者であると同時に、芸術家っぽい気がするんです。モノを売るんじゃなくて、楽しさやワクワクを常に創り出そうとしてきたアーティストなんじゃないかと。池上さんはどう思われますか？

池上　インタビューで堤さんは、「きょうは仕事の話だから、辻井喬でなく堤清二としてお答えします」とおっしゃったんですけれども、話を聞いているうちに、老いた文学者と話をしている気分になりました。言葉の端々に文化や教養がにじみ出るわけです。それは明らかにアーティストですよね。それも、とんがりすぎたアーティスト。必ずしもみんなに理解はされないけれど、それでいいんだ、と考えていたアーティストかなという気がします。

堤清二さんについてはいろんなことを語りたいけれども、語り尽くせない。と同時に、いくら語っても人物像の全体を描ききることができないもどかしさを感じながら、今日はここまでにさせていただきます。

第7回

村上世彰と堀江貴文

金儲け至上主義と国策捜査

九〇年代末に到来した〝ITバブル〟。
そこで急成長したライブドアが
テレビ局という旧メディアを
買収しようとしたときに
起きたことはなんだったのか？
時代の寵児と呼ばれた二人が
実刑判決を受けた理由を考えます。

村上世彰

むらかみよしあき　投資家。一九五九年、大阪府生まれ。東大法学部から通商産業省に入省。四十歳前に退職しファンドを立ち上げる。「もの言う株主」として活躍するも、二〇〇六年にニッポン放送株式のインサイダー取引で逮捕され、有罪判決を受ける。現在シンガポール在住

堀江貴文

ほりえたかふみ　元ライブドアCEO。一九七二年、福岡県生まれ。東大在学中にホームページ制作会社を設立。同社を短期間で急成長させるも、二〇〇六年に証券取引法違反で上場廃止に。堀江も翌年に二年六カ月の実刑判決を受ける。現在、宇宙ロケット開発に精力を傾ける

村上世彰と堀江貴文、二人はいずれも東京地検特捜部に逮捕されましたね。この二人の逮捕は、現在進行中のカルロス・ゴーンをめぐる捜査同様、国策捜査によるものではなかったかと言われています。その点は追々お話しすることにして、まず、私と二人との接点からお話しすることにしましょう。

堀江貴文さんが二〇〇六年一月に「ライブドア事件」で逮捕され、一審で有罪判決を受けて服役の後、彼はまず、インターネットテレビでいろんな情報を発信することから活動を再開します。それに私がゲストで呼ばれまして、新宿の居酒屋のようなところをスタジオ代わりにして対談をしたんです。

そのとき私はこう質問しました。「あなたはフジテレビを手に入れたくて、その踏み台としてニッポン放送を買収したわけだけど、踏み台にされたニッポン放送の社員の気持ちは考えたことがありますか?」。彼は驚いた表情で、「考えたこともなかった」。

私がこんな質問をしたわけには、後ほど触れます。

コミュニケーションの仕方

もう一人の村上世彰さんとの接点はこうです。彼がいわゆる「村上ファンド事件」（註1）で逮捕されたのは二〇〇六年六月。その後、控訴審で執行猶予付きの有罪判決を受けるわけですが、出所した彼の方から私に「堀江さんからそちらの連絡先を聞きまして」と電話がかかってきた。

村上さんが私に連絡をしてきた理由は会ってみて分かりました。

その前、私は『伝える力』（ＰＨＰ）というビジネス新書の中で、人とのコミュニケーションの失敗例として村上さんのケースを採り上げていたからです。逮捕当日の午前、記者会見をした村上さんは、容疑事実を認める一方で、「そりゃ確かに私はムチャクチャ儲けましたよ」と言ってのけた。「儲けて何が悪い」と開き直ったわけです。

村上さんの言うとおり、ビジネスで儲けることは罪でも何でもありません。でも、日本には「けしからん罪」という罪があって、誰かが「あいつけしからん」と言いだすとそれに同調して、社会的に葬り去ろうとする動きがあるんですね。だから記者会見では、間違ってもそういう言い方をしてはいけない、彼のコミュニケーションは間違いだった――本にそう書いたわけです。

村上さんが東京拘置所に入っている間に娘さんが私の本を読んで、パパが出てきたときに教えたそうです。「池上さんがこんなことを書いてるわよ」と。彼女は私の批判の仕方に「何か愛情のようなものを」感じた。だから「池上さんに会ってコミュニケーションの神髄を勉強してきたら？」と言われて会いに来たんだそうです。

以来、私と村上さんは折に触れて会うようになります。

（註１）**村上ファンド事件**……インサイダー取引容疑で逮捕され、二〇一一年に懲役二年、執行猶予三年の判決が確定した。

「小説なんか読んだことがない」

村上世彰と堀江貴文というのは、一体どういう人物なのか？

ひとことでいうなら「平成の風雲児」。これまでに誰もやらない事をやってのけたのがこの二人です。まずホリエモンのやった事からお話ししましょうか。

彼がやろうとしたのはフジテレビの買収です。そのために、フジの親会社であるニッポン放送に目をつけた。資産規模でははるかに小さなニッポン放送がフジの親会社であるという、いわゆる「ねじれ現象」を逆手にとって、ニッポン放送株を大量に買い占めれば、その子会社のフジテレビを支配できると考えたのです。

この動きに反発したニッポン放送の社員会は、ライブドアによる株買い占めに反対決議を行ないました。ホリエモンにはニッポン放送に対する愛情が感じられない、フジテレビを支配するための踏み台にされてはたまらない、というわけです。私が彼の出所後に「社員の気持ちが分かりますか？」と訊ねたのには、そういういきさつがあったのです。

ホリエモンは収監中、初めて大量の本を読みました。それまで小説のたぐいは読んだことがなかったそうです。彼に「気持ち」をバレンタイン・チョコの例で説明したんです。

まだ私がＮＨＫの現役だった頃、女性からすごく人気のあるイケメンのアナウンサーＡがいました。彼の番組にはもう一人、あまりイケメンとは言えないアナウンサーＢも出ていて、その

B君が局の西口玄関を出たとたん、待ち構えていた女性たちに「いつも見てま〜す」とチョコレートを渡された。喜んだのも束の間、女性たちから「Aさんにも上げてくださ〜い」と言って、もっと豪華なチョコを手渡された。踏み台にされたB君のショックはいかばかりだったか……。

このたとえ話に、ホリエモンはようやくニッポン放送の社員の気持ちが分かったみたいで、「なるほど」と一言つぶやいていました。その後、彼は「池上彰に説教された」とボヤいていたそうですが、これが私と堀江さんとの出会いです。

小学三年生が「サッポロ」を

いまお話ししたライブドア事件には、じつは村上さんも深く関係しています。あそこで堀江、村上の両者が交錯したといってもいい。

村上さんは、小学校三年生の時に父親から言われます。「これからはお前に小遣いはやらない。その代わりに百万円を渡す。この百万円をどう遣おうとお前の勝手だ」

それで世彰少年は、いきなりサッポロビールの株を買った。父親がいつもサッポロを飲んでいたから――たったそれだけの理由です。でも、そこから株の取引を本格的に始め、次第次第にいろんなことを勉強していった。この父親の影響力は絶大です。

彼は灘中、灘高から一浪して東大に入り、法学部を卒業して当時の通産省に就職します。数字が好きなものですから、大企業の経営者と会うときは事前にその企業の財務諸表を徹底的に読み込んで出かけます。彼は、自分の会社の経理内容をまるで理解していない経営者たちに愕然とするのですが、それよりも彼が驚いたのは、日本の企業は儲けをそのまま内部留保としてため込んで、再投資をしていないことでした。

この体験が、通産省を辞めたあとの彼の行動原理になるんです。

独立してからはファンドを設立、いろんな企業の株を買い集めにかかります。彼のターゲットは、その会社のさまざまな資産——預貯金だけではなく、不動産などの金融資産です。彼が通産省時代に学んだのは、日本の企業は儲けをため込んでいるため、その会社の時価総額にくらべて金融資産などがべらぼうに多いことでした。ということは、比較的安い株価で買収して会社を自分のものにし、つぎに資産を売却すれば、その差額がまるまる懐に入るわけです。

これは単純計算での話。実際は、株を買い占めると株価がどんどん吊り上がるので、そうはなりません。なりませんが、経営者が自分の会社の価値（時価総額）を高めようとしないのは、株主に対する背信行為ではないのか、日本の企業のコーポレート・ガバナンス（企業統治）は間違っている——これが彼の行動原理になっていくんです。

プロキシーファイトをやるぞ！

ファンドを作った村上さんは、まず「昭栄」という会社の株の公開買い付けを開始します（註2）。日本初の敵対的ＴＯＢ（株式公開買い付け）です。結局これはうまくいかずに失敗するのですが、次に狙いを定めたのが「東京スタイル」でした。

この服飾メーカーは、内部留保が凄かった。だけど、配当金はごくわずかなものだし、新規の投資もしない。ですから、株価はものすごく低かったんです。さっそく村上さんは社長に意見具申をしようと面談を申し入れます。しかし社長は拒否。非常にユニークなワンマン社長でして、それまで株主に会ったことがないという。ただ、株式の持ち合いで取引先の銀行が株を持っているので、銀行の頭取とはしぶしぶ会うだけだとか。

それでも村上さんは人を介して面会にこぎつけます。しかし、けんもほろろで全く話を聞こうとしない。どころか、途中で席を立ってさっさと会議室から出ていってしまった。さあ、村上さんの闘争心に火が付きます。「よし、プロキシーファイトをやるぞ」

株主総会において議案を採決するとき、あらかじめ自分の考えに賛同してくれる一般株主の委任状を取り付けて、会社側と対決します。プロキシーは代理権のことですから、委任状を集めて多数派工作をすることをプロキシーファイトと呼ぶのです。

このとき村上ファンド側は「配当金を五百円にせよ」と提案します。会社側の提案は、五百円なんてとんでもない、「二十円に」というものです。この開きはわれわれに有利に働くに違いない、村上さんはそう考えます。だって、ほかの株主にとっても配当が大幅に増えれば得するんですから。でも、ここに彼の見込み違いがありました。

当時の企業社会では、株主として日本の伝統的な企業が「お付き合い」で株主になっていました。彼らは波風が立つのを嫌って東京スタイルの味方に付いたのです。そして村上さんの提案は否決されました。

村上さんは総会の結果に仰天するとともに、これはほとんど背任に近いんじゃないか、と思うわけですが、それでも、彼のチャレンジは無駄には終わらなかったんです。

（註2）昭栄はもと生糸メーカーだったが不動産投資会社になっていた。村上は二〇〇〇年に敵対的TOBを仕掛けるも失敗。

投資行動に変化が

村上さんのプロキシーファイト以後、株式市場に情報が飛び交うようになります。「村上ファンドがA社の株を買ったらしい」という噂が広がるだけで、他の株主たちが値上がりを見込んでその株を買い始めます。いわゆる「提灯をつける」（註3）のです。するとA社の株価がドーンと上がり、村上ファンドが儲かるという構造が出来上がっていくわけです。

そうなると、彼の中で何か変質が起きて、村上ファンドの投資行動に変化が見られるようになるんです。初めは企業のガバナンスを変えるつもりで投資していたのに、いつの間にか利益の追求が目的になっていった。買い占めによって株価が大幅に上がると、その株をさっさと売り抜けてしまうようになったのです。これでは、いわゆるハゲタカ・ファンドでしかありません。

村上さんが投資の対象として目を付けたのは、ニッポン放送とフジテレビのいびつな関係でした。ホリエモンのところで説明したように、ニッポン放送という小さなラジオ局の下にフジテレビという巨大なテレビ局が置かれている――こういうねじれがあります。彼はニッポン放送の株を買い占めるとフジテレビを動かすことができることに気づいて、ニッポン放送株を買い集める一方で、フジテレビに交渉を持ちかけるんです。

「ねじれを解消するには、フジテレビさんがニッポン放送の親会社になればいいじゃないですか。ニッポン放送の株をもっとたくさん持つべきですよ」と。しかし、フジの経営陣は危機感がまるで薄く、なかなか動こうとしません。そこで村上さんはホリエモンを誘います。「ニッポン放送株を買うとフジテレビを支配できるよ」

ここで二人の人生が交差するんです。

誘われたホリエモンとは、どんな人だったんでしょう。

彼は久留米大学の附設高校を出て、東京大学の文科三類、文学部などに進学するコースに入学します。彼って、小説を読んだことのない人物でしたよね。ですから授業が全く面白くなくて駒場寮にずっといりびたり。麻雀三昧の日々を送っていたそうです。

彼が在学中の一九九〇年代半ばといえば、ウインドウズ95が発売されてパソコンが急速に普及し始めた頃です。ホリエモンもパソコンに夢中になり、さまざまなソフト作りを始めて、九六年には「オン・ザ・エッヂ」という会社を設立。東大は中退して、企業のホームページ作りを請け負う仕事で急激に成長していくんです。

その過程で彼は経営破綻した「ライブドア」社を買収します。ライブドアというのは、「わが社のサーバーを使えばインターネットでいろんなことが無料で出来ますよ」と大宣伝を展開していましたが、初期投資がかかりすぎて倒産した会社です。でも、それなりに知名度は高かったので、堀江さんは社名をライブドアに変えます。

倒産会社の名前を引き継ぐなんて縁起が悪い、と反対した人もいましたけど、そこは合理主義者のホリエモン、「ライブドアはよく知られているから広告料が節約できる」。

かくして、ライブドアがここにスタートしたわけです。

（註3）**提灯をつける**……株式市場で、ある銘柄が大きく動き、その背後に大口の投資家や仕手筋がいる場合に、その動きに追従して株式の売買を行なうこと。言葉の由来は、「提灯行列に付いていく」からとも。

株の分割にスキあり

ライブドアは、いろんな企業をどんどん買収していきました。まだ会社を設立したばかりですから、買収資金がたっぷりあるわけじゃない。そこで堀江さんは東証マザーズに上場（二〇〇〇年。この時点での社名は「オン・ザ～」）。株式交換という手法を使って資金を稼ぐため、自社株を分割するんです。

東京証券取引所で、昔は一株五十円だったものが今は五万円になっています。その株がうんと値上がりして百万円になったとすると、株の売買で一株買うのに百万円も必要なわけです。これでは一般の人には手が出しにくいので投資家の数も増えません。

そこで東証は、株を分割してあげれば誰でも株を買いやすくなるだろうと考えました。一株を十株に分ければ、一株百万円の株でも十万円で買えるようになる。これで株式市場のすそ野は広がるだろうと。そこにライブドアのつけ入るスキがあったのです。詳しくは述べませんけど、ふつうは分割するだけでは株価に影響は出ないのですが、ライブドアが東証に分割手続きをしてから、分割された新しい株券が株主に届くまでのあいだの時間差によって、ライブドア株がどんどん値上がりしたのです。このライブドア株をほかの会社の株と交換することで、現金を出さなくても企業を次々に買収できるようになります。

さらには消費者金融にも手を出して成功します。サブプライムローンの焦げつきがひきがねとなったリーマン・ショック（二〇〇八年）が起こる前の話です。こうして、ネット上のソフトやアプリを開発していた会社が、いつしか「実態は金融業」となっていったのです。

プロ野球球団買収計画

その頃、プロ野球界は「球団再編問題」に揺れていました。球団経営の不振から近鉄バファローズがオリックス・ブルーウェーブに合併されかけたのです。そうするとパ・リーグは五球団となり、セ・リーグとのつり合いがとれなくなる。さて、どうしようか、というのが再編問題です。

このとき、セ・リーグの盟主・巨人の渡邉恒雄オーナーが「この際、セとパを一つのリーグにしてしまえばいい」と発言した。これにはパ・リーグ側が猛反発しました。「このままじゃパはセに吸収合併されてしまう」と、急いでもう一球団増やして六球団とすることになったわけです。

そこに手を挙げたのが堀江さんでした。「じゃあライブドアが球団を作りましょう」。当初は近鉄を買収しようとしたんですが、うまくいかない。「じゃあ、いま球団のない仙台に作ればいい」となって、ライブドア・フェニックスという球団名まで用意しました。そこに突然、楽天が割って入って「うちが仙台に楽天球団を作る」と言い出し、IT企業どうしの対決の構図ができあがったのです。

日本野球機構としても、ライブドアか楽天かを決めなきゃいけないというので、ホリエモンと三木谷さんが球団オーナーの面々からヒアリング（面接）を受けました。このとき、元銀行員の三木谷さんがスーツにネクタイなのに対して、ホリエモンはTシャツのいでたち。私は、あれを見た瞬間、「勝負あった！」と思いました。実際、楽天の参入が認められ、ホリエモンは敗れ去ったんです。ホリエモンにすれば、自分のライフスタイルを貫くことで球界に新風を吹き込むんだとの意気込みがあったんでしょうけれど、オーナーたちの意識は古臭いままだったんですね。

彼が村上さんから「ねじれを利用してフジテレビを獲得できるチャンスだよ」と耳打ちされた

のは、そんな失意の時でした。

フジテレビのお家騒動

ここでホリエモンからは離れますが、フジテレビが彼のターゲットになった背景を知っていただくため、しばらくフジテレビの話を続けます。

フジテレビは、文化放送とニッポン放送がお金を出し合って作ったテレビ局です(現在は文化放送は資金を引き上げています)。元はといえば、文化放送もニッポン放送も財界の肝煎りでできたラジオ局ですから、フジテレビも「財界に理解のあるテレビ局を」という財界の意向で作られたわけです。

その財界から送り込まれたのが、鹿内《しかない》信隆(註4)という人物でした。彼は自分でもフジテレビ株を買い集めて、創業者でもないのに絶対的な権力を持ちます。さらには、息子の春雄と一緒になってフジテレビを牛耳るようになる。当時のフジのキャッチフレーズは「母と子のフジテレビ」というものでしたが、社内外では「父と子のフジテレビ」と揶揄されたものです。

ところが、この春雄という人はアイデアマンでした。父親がひたすら経費も正社員も減らしたのに対し、春雄は、大学を出ていなくても番組作りに意欲的で才能にあふれた人たちを、全員フジテレビの正社員にしたんです。当然、社内のモラール(士気)は急激に高まります。ここからフジテレビは「オレたちひょうきん族」や「笑っていいとも!」など、次々にヒットを飛ばすことになるのです。

初めのうちは社員から「ジュニア」と呼ばれて軽んじられた彼も、八五年にはフジテレビ、産経新聞社、ニッポン放送三社の会長職を独占し、フジサンケイグループの議長にまでのぼりつめました。ところが三年後、春雄さんは肝炎のため四十二歳の若さで亡くなってしまいます。死んだ息子の代わりに、信隆は娘婿を鹿内家に入れます。これが鹿内宏明です。そしてまもなく鹿内信隆自身も死んでしまう。

鹿内宏明は興銀のエリート銀行員でしたが、テレビのことはまるで分かりません。おまけに後ろ盾の信隆も亡くなった。いきおい、親しいものだけを周囲に置いて、ほかの社員からは総反発を食らいます。


（註４）**鹿内信隆**……日本経営者団体連盟（日経連）の初代専務理事からニッポン放送の設立に参加。後、同社社長、産経新聞社社長、フジサンケイグループ会議初代議長などを歴任した。愛称「ハイジャッカー」をつけたのは司馬遼太郎と言われる。

鹿内家支配は脱したものの

フジテレビの元会長、日枝久を中心になされた九二年のクーデターは、起こるべくして起きたといっていいでしょう。取締役会で宏明さんの解任決議を出して追放しようと画策。実際に追放したものの、鹿内家が大株主であることに変わりはありません。何とか鹿内家の持ち株比率を小さくしたい。そのためには、フジテレビを上場して新たな株を発行すれば、相対的に鹿内家の持ち分は少なくなるだろう、こう考えたわけです。

ところが、その時はニッポン放送も未上場でした。親会社が上場していないのに、子会社だけを上場することはできない――当時はそういうルールだったのです。

そこで、ニッポン放送は一九九六年、フジテレビは九七年に上場することになったのですが、結果的には、経営規模のごく小さなニッポン放送が、大企業のフジテレビをコントロールするという、経営的には非常に危うい「ねじれの構造」が生じてしまった。ここに村上世彰が目をつけて食いつき、堀江貴文がそれに続いたのです。

それまでのホリエモンは遊び大好き人間で、フジテレビの女子アナともしょっちゅう合コンをやっておりましたが、ここで彼が言い出したのは、「ネットと放送の融合だ」というものでした。今でこそどこのテレビ局も、特に地上波は視聴者をネットに取られて、必死でネットとの融合を試みていますけど、あの頃すでに堀江さんは、邪心のあるなしはさておき、ずっと先を見据えていたのです。

MSCBで買収資金調達

堀江さんは、ニッポン放送株の買い占めに八百億円を使っています。当時のライブドアの年間売上が三百八億円ですから、自力だけでは無理。ここに例のリーマン・ブラザーズ（註５）が登場します。リーマン・ショックが起きる三年前のことです。

その武器として使われたのがＭＳＣＢでした。日本では「転換価額修正条項付き転換社債型・新株予約権付き社債」という長ったらしい名前で、所有者は、持っている社債をいつでも発行会社の株に転換できるのです。その代わり、発行会社は債券の償還をしなくて済むようになる。

このＭＳＣＢを八百億円分、ライブドアが発行してリーマンが引き受けました。そしてライブドアは、調達した八百億円でニッポン放送株を買い占め、リーマンはライブドア株が値上がりするのを見て債券を株式に転換して、すぐさま売却して儲けた。いわば発行側と引き受け側の双方が得することができたわけです。

（註５）**リーマン・ブラザーズ・ホールディングス**……ニューヨークに本社を置いていた大手投資銀行グループ。一八五〇年設立の会社が発祥。サブプライム住宅ローン危機により経営破綻し、約六十四兆円という史上最悪の負債によって二〇〇八年に倒産。

結婚式場と化した湾岸スタジオ

しかし、フジテレビとて指をくわえて見てはいません。企業防衛のためにあらゆる手立てを講じるんです。そして最終的には「ホワイトナイト」、白い騎士（註６）の助けを求めた。ＳＢＩ（ソフトバンク・インベストメント）の北尾吉孝（註7）さんにフジとニッポン放送の株を預けて売買ができなくなるようにし、結果、両者は手打ちをしたのです。

と同時に、フジテレビは第三者割当株の増資を行ないました。これは、フジが新規に株を発行してニッポン放送の持ち株比率を下げようというものですが、市場に出してしまうとまたライブドアに買い占められるかもしれないから、自分の味方になってくれる人に新株を買ってもらうことにした。これが第三者割り当てです。

ただし、買い占めを防ぐために株を発行するのは違法です。だからフジテレビは、「スタジオが足りないので、その建設費用を調達するために新株を発行したい」との大義名分を設けて実行しました。現に、お台場のフジテレビ本社から車で五分ほど離れたところに、とてつもなく広大な湾岸スタジオが誕生しました。

当初は広いスタジオはガラガラで、結婚式場として営業したりしていたんですが、今はフル稼働。先週も私、あそこで二時間特番を収録しました。

フジテレビの人に「この湾岸スタジオってなんでできたか知ってる?」と訊ねても、ライブドアの支配を免れるためにできたとは誰も知りませんでした。

ただ、忘れていけないのは、もしあそこでライブドアがニッポン放送の大株主になり、それによってフジテレビを支配していたとすると、リーマン・ブラザーズがライブドアの大株主になっていたかも知れないことです。放送局に関しては、外国人の持ち株比率は二十パーセントまでと決められていて、状況次第ではその規制が突破されたかも……そう考えると、手打ちしてよかったと思わざるを得ませんね。


（註6）**ホワイトナイト**……敵対的M&A（合併と買収）を受けている企業にとって友好的な、助けてくれる企業や人を指す。

（註7）**北尾吉孝**……野村證券時代に孫正義にスカウトされ、インターネット金融のSBI（現SBIホールディングス）CEOに。当時、堀江を「株式市場を汚した」と批難していた。

東京地検特捜部が乗り出した！

さあ、この事件を通じて村上世彰、堀江貴文のどちらも目立ちすぎました。とくにホリエモンは大いに名前が売れて、自民党から出馬の誘いが来ました。ちょうど小泉内閣が郵政解散を強行した時です。民営化絶対反対の亀井静香に対する刺客として広島六区から立候補しましたが、結果は亀井さんを倒すことができなかったんです。

目立ちすぎると東京地検特捜部も出てきます。堀江も村上も既成の秩序を破壊しようとした、これを放っておくわけにはいかない、という理屈です。「資本主義社会でいちばん大切な株主の利益を、経営者たちはちっとも考えていないじゃないか」という村上さんの言い分はまっとうに思えるのですが、検察の眼には秩序の破壊者と映るし、一般の人たちのあいだにも「じゃ、金さえ儲かればいいのか」と批判する風潮が広がってきます。Tシャツ姿のホリエモンがナベツネのことを「老害」呼ばわりしたりしたのにも反発がありました。

東京地検特捜部は、世の中の空気を読んで動くきらいがあります。さっきも言った「けしからん罪」というやつですね。そこで、彼らを追及するための材料を洗い出しにかかります。そうして見つけ出したのが、ライブドアの「粉飾決算」と村上ファンドの「インサイダー取引」でした。ライブドアは、先ほども言ったように、株式交換の手法によって次々に会社を買収していった。その過程で実際以上に利益が上がっているように見せかけたデータを出したのではないか――この粉飾決算の証券取引法違反容疑でホリエモンは逮捕されました。

ホリエモンと和解したフジテレビでしたが、当然、恨みは残っています。フジテレビの報道部門に、ライブドアの問題点を掘り起こし、その資料を東京地検特捜部に持ち込んだ人物がいたといいます。ホリエモン逮捕後、その人物は社内で異例の抜擢を受けたというのですが、それが本当かどうかまでは分かりません。ただ、フジテレビ内部で「あの人がホリエモンに不利な情報を東京地検に持ち込んだ」と言われている人物が存在することだけは事実です。

東京地検の意向次第

一方で村上世彰は、「ニッポン放送株を大量に買えばフジテレビを支配できるぞ」とホリエモンにけしかけました。ホリエモンがすっかりその気になって買い占め、株価がどんどん上がったところで、村上は自分が持っているニッポン放送株を売り払ってしまったので、結果として彼は莫大な利益を得たことになります。

村上ファンドは、ライブドアが大量のニッポン放送株をこれから買うと分かっていた。つまりインサイダー情報をもとにニッポン放送株を高く売り抜けた。これは明らかにインサイダー取引にあたる、という特捜部の判断です。

でも、これは微妙ですよね。村上さんは、ホリエモンが買うらしいぞと聞きつけたわけじゃない。自分から「買え」と持ちかけたのに、それがインサイダー取引として成立するのかどうか。しかし、村上さんは容疑を認めたことになっています。

取り調べの過程で検事から「そんなに否認するのならファンドの幹部三人も逮捕するぞ」と脅された村上さんは考え込みました。「あの三人まで逮捕されたらファンドは立ちゆかなくなる」。それでインサイダー取引を認める代わりに幹部の逮捕はまぬかれたというのです。まだ司法取引なんて仕組みが導入されていない時代に、こういう取引が行なわれたわけです。

実際に裁判が始まると村上さんは全面否認、徹底抗戦を展開します。しかし日本の裁判では起訴された案件のほぼ百パーセントが有罪になる。結局、最高裁に上告したものの棄却、懲役二年（執行猶予付き）、罰金三百万円、追徴金十一億四千九百万円の二審判決が確定します。

対してホリエモンは、実刑判決を受けています。やはり上告を棄却されて、一審の懲役二年六月が確定、長野刑務所に収監されました。

実は、堀江さんが捕まった後、某大手証券会社でも粉飾決算が明るみに出たんです。ライブドアよりはるかに巨額の粉飾決算なのに、東京証券取引所からは処分を受けたものの、東京地検特捜部は動こうともしませんでした。私は当時、これは不公平だなと思ったものです。その証券会社は今も堂々と営業しているのです。

こうして見ると、摘発するしないは東京地検の意向次第であるということがお分かりになるかと思います。

二人は社会に受け入れられたのか？

不思議なもので、今、社会はこの二人のことを「ああ、時代の中で捕まっちゃったんだな」と感じているような気がいたします。みんなが本当に「許せない」と思っていたら、ホリエモンは刑務所から出てきても活動を再開できないでしょう。次々に本を出したり、若者から支持されたり、ロケットを打ち上げるという夢に走ったりすることもできないはずです。

あの品のない、悪びれない態度はあいかわらずなのに、それでも受け入れられている。

村上さんの場合は、私のすすめで『生涯投資家』（文藝春秋）を書きましたが、あれを読んで「ほう、村上ってそう悪いやつじゃないんだな」と思った方も少なくないんじゃないでしょうか。さらにそのあと、十五歳の子ども向けに『いま君に伝えたいお金の話』（幻冬舎）も出しているんです。いくら執行猶予付きとはいえ犯罪者が、それも子どもに向けた本を書いて、それが受け入れられるというのは、社会が彼を認めている証拠なんじゃないか。

彼は日本の企業社会におけるコーポレートガバナンスを是正しようとし、その途中で金の亡者になってしまった。でも、事件を経て憑きものが落ちた、金の亡者の部分がこそぎ落とされたんじゃないかと思うんです。彼は今、シンガポールを拠点に活動していますが、こう語っています。

「東京証券取引所が企業統治についての方針を打ち出し、私の考えていたことが実行される仕組みができた。私の役割は終わったんです」

それぞれの時代によって人間の評価は変化します。そしてその人の意識も変わっていく。これから十年、二十年たったとき、果たして二人はどうなっているのか。私は非常に楽しみに見ているんです。

Q&Aコーナー

質問者Aさん　私は「メチャメチャ儲かった」という人を見るのが好きです。大儲けするような人は逮捕されなくちゃいけないんですか?

池上　先にもお話ししたように、検察は二人を既成秩序の破壊者とみて国策捜査に乗り出しました。そのとき利用したのが、大儲けした人間に対する日本人の「引きずり降ろしてやりたい」心理です。検察が国策捜査をやるときは、とにかく世論の支持を得たいので、容疑者がいかに「金の亡者」であったかのイメージをメディアにリークするんです。

私の友人で元外交官の佐藤優が逮捕されたとき……どうも東京地検に逮捕された中に友人が多いんですけど（笑）……佐藤優がいかに国益に反することをやったかの情報がリークされました。彼は北方四島一括返還はとても無理だから、取りあえず二島先行にして、という構想を描いていて「けしからん罪」に引っかかりましたが、今や二島先行になりそうな雲行きですよね。

質問者Bさん　資料の中に、村上さんと堀江さんは「コミュ障（コミュニケーション障害）」だという記述がありましたよね。池上さんはお二人と実際にお話しされてそうお感じになったんでしょうか？

池上　私は東工大で教えているんですけど、学生たちは自分たちのことを自虐的に「コミュ障」と言うんです。得てして理系のエリートは、とびきり頭はいいのに、人とコミュニケーションを取るのが苦手なようです。女性の前に出ると何も言えなくなってしまう男子学生がいっぱいいる。これが今、若者の間でよく使われるコミュ障という言葉なんですけど、村上さん、堀江さんの場合は少しちがう。

お二人とも自分の意見に絶対的な自信を持っていて、正しいことを言えばみんなが理解する、理解できないやつはバカだ、と考えているように思うんです。これではコミュニケーションがうまくいかない。

村上さんが言っていました。「私はついつい思ったことをすぐそのまま言っちゃうんです。それじゃあ駄目だよと娘にいつも怒られるんですけど」と。例の記者会見での「金儲けして何が悪い」もそうだし、ホリエモンのTシャツ姿もそう。相手がどう受け止めるか、国民がなんと感じるかを考えない言動は、やはりコミュ障の一種だと思うんです。二人とも試験には強いはずです。試験を受けるときは「傾向と対策」を勉強するんだけど、それを実社会でやらなかったのかな。

質問者Cさん　今、堀江さんは宇宙事業とか、ブロックチェーン技術を使った暗号通貨に興味を持っているみたいですね。先生は、こうした新時代を築きそうなワクワクする技術をどう思われます？

池上　ベンチャー企業の人って宇宙に憧れるものなんですね。スペースX社のイーロン・マスク氏とか、ZOZOタウンの前澤友作氏とか。私も宇宙大好き人間なので、堀江さんの宇宙事業を個人的には応援しているんですよ。

それから、いま「暗号通貨」とおっしゃったんですけど、金融庁は、これを「暗号資産」と呼ぼうという意思統一をしています。一般的には「仮想通貨」と呼びならわされていますけど、これからは暗号資産と呼ぶようになるでしょう。

役所が「通貨」という言葉を嫌うのは、通貨発行権は国家の主権である、という考え方に基づいています。通貨は国家にしか発行できないのに対して、ビットコインなどの仮想通貨は極めて無政府的ですからね。だから「資産」と呼ぼうと。

暗号資産には、データのブロックとブロックをチェーン状につなぎ、そのやりとりを「台帳」のように誰もが検証でき、しかも改竄が難しいとされている「ブロックチェーン」という技術が使われています。この技術には非常な可能性が秘められていると思います。監督する組織や国家権力がなくても成り立ち得るのですから、通貨に限らず、いろんな分野に応用できる。楽しみな技術ですよね。

ただし、現在出回っている暗号資産には、まだまだ危ないところがあります。あまりにボラティリティ（価格変動性）が大きすぎて、単なる投機のツールになっているからです。

「ビットコインを買いませんか」という詐欺商法も現われました。高齢者が申し込んだらビットコインの現物（!?）が送られてきたそうです。

そんなわけで、こうした未来技術には大きな可能性もあるけれど、リスクも非常に大きい。そうお考えいただければと思います。

第8回

石原慎太郎

暴言と思いつきの長期都政

気鋭の作家かつ国民的スターの兄。
それが石原慎太郎の出発点です。
以降〝弟の七光り〟を最大限に
利用して政治家転身、
そして問題発言を繰り返しつつ、
長く都知事の座にいました。
思いつきで行動し、すぐ止める――。
そんな彼の行動原理を探ってみます。

石原慎太郎

いしはらしんたろう　政治家、作家。一九三二年、兵庫県生まれ。一橋大学在学中に『太陽の季節』で芥川賞受賞。弟・裕次郎と共に注目を浴びる。六八年に参院選に出馬し初当選。その後、衆院に鞍替え、反共の「青嵐会」を結成、自民党総裁選での敗北などを経て九九年に東京都知事に。二〇一二年、国政に復帰するが十四年、政界引退。一七年には築地市場移転問題の責任が問われた石原慎太郎と私の因縁は二〇一二年十二月、テレビ東京の選挙特番『池上彰の総選挙ライブ』のときでした。当時「日本維新の会」代表の石原さんに中継をつないでインタビューをしていたら、パプアニューギニアなどの国を侮辱する差別的な言い方が飛び出したものですから、「そういうこと言うから暴走老人と呼ばれるんですよ」と言った途端、石原さんが「なんだそれは、失敬な！」と怒り狂ったところで中継が切り替わりました。

その後、しばらくしてもう一度つながったら、「いやー、相手があなたとは知らなかった。先ほどは失敬、失敬」と言って、すっかり態度が変わっていたんです。

それには前段がありました。

あのときは民主党の野田政権が行き詰まって解散総選挙になったんですが、その選挙中、たまたま東北新幹線の車内通路を私が歩いていたら慎太郎さんに呼び止められました。「おお、座れ座れ」。そこでいきなり「マホメッドのイスラム教のスンニ派とシーア派って何が違うんだ？」と質問されたものですから、「今はマホメッドと言わないでムハンマドと言うんです」から始めて、スンニ派とシーア派の簡単な解説をしたところ、「君は説明がうまいね」と褒められてしまいまして。

特番で彼が「相手があなたとは知らなかった」と言った「あなた」とは、イスラムについての解説をして差し上げたときの私を指していたんでしょう。

天真爛漫・無意識過剰

石原慎太郎を知る人はみな、天真爛漫でいい人、という印象を受けるようです。湘南高校で一緒に学んだ評論家の江藤淳は、彼のことを「無意識過剰」と言ったことがあります。意識過剰ではなく無意識過剰。自覚しないまま、何でも口にしてしまう。それがさまざまな差別発言を引き起こすことにもなります。弱い立場の人への思いやりに欠けていて、おのれの天真爛漫な発言が人を傷つけるかもしれないということに対して、あまりにも無頓着なのでしょう。そして、それが問題になると、「いやいや、それは俺が言いたかったことではなくって」みたいなことを言って責任を放棄する。

典型例は二〇〇一年、都知事のときに女性活動家たちから提訴までされた「ババア」発言でしょう。石原さんは週刊誌のインタビューで、東大の惑星物理学の先生の名前を出して、「(その先生が言っていたことだが)〝文明がもたらしたもっとも悪しき有害なものはババァ〟なんだそうだ。〝女性が生殖能力を失っても生きているってのは、無駄で罪です〟って」という趣旨のことを言って大騒ぎになりました(註1)。

裁判を起こした女性たちが検証したところ、その先生は専門的見地から「おばあさん仮説」(註2)なるものを紹介、それも正反対の趣旨で言ったことが分かったんです。

豪放磊落に見え、強硬なことを言う一方で、実はたいへんな小心者なのかも知れません。だから責任から逃げる。そんな二面性がまた、彼の魅力だと言う人もいるんですね。

（註1）「週刊女性」二〇一一年十一月六日号に掲載。
（註2）**おばあさん仮説**……チンパンジーらの哺乳類と違い、ヒトの女性は閉経をし、その後も長く生きる。生殖年齢を過ぎた後も長く生きることにどのような利点があるからヒトはこのような進化をしたのか。その疑問を「母親が短い間隔で産んだ子の子育てを、祖母（おばあさん）が助けるほうが、子どもの生存率が高くなるため」と説明した仮説。

石原家の教育方針

彼には男ばかり四人のお子さんがいる（そしてもう一人、外でもうけた息子がいるそうです）のですが、その教育はどうだったんでしょう。

二男の石原良純さんとはいつも番組でご一緒しますが、彼に言わせると、父親は本当に甘くて、スパルタだったことは全くないとか。じゃ、父親が一九六九年に書いた『スパルタ教育』（光文社）という大ベストセラーは、一体何だったのかということになるわけですが。

自民党総裁選に出たこともある長男の石原伸晃さんは、かつて日本テレビの記者でした。元の同僚に聞くと全員が全員、悪口のオンパレードで、「あれほど仕事をしない記者はいなかった」。

日航機の御巣鷹山墜落事故のとき、彼は運輸省（現・国交省）の担当記者でしたが、たまたま休暇でイタリアに遊びに行っていました。事件勃発で報道局が「直ちに帰れ」と指示したのに、「今、夏休み中ですから」といって帰ろうとしなかったそうです。

文壇の中でも毀誉褒貶

さて、石原慎太郎の人となりをさかのぼって見ていくことにしましょう。

彼の足跡は、大きく三つに区分することができるでしょう。まず、文学者としてのスタート。つぎに政治の世界への転身。そして都知事時代。

石原慎太郎が『太陽の季節』で芥川賞をとったのは一九五六年。この頃はまだ芥川賞も直木賞も本当に地味な文学賞で、今のように社会的に注目されるきっかけを作ったのが、実はこの作品だったともいえるわけです。

それは衝撃でした。この『太陽の季節』の中に、障子を破るシーンがあります。何が障子を突き破ったのかは先刻ご承知でしょう。その描写ばっかりセンセーショナルに取り上げられましたが、賞の主催者である文藝春秋（日本文学振興会）にとっては大成功でした。

ただし、この作品は新潮社から刊行されています。もともと文春の文芸誌「文學界」に掲載された『太陽の季節』なのに、なぜ？

文春の社内に石原慎太郎を全く評価しない人がいて、「俺の目の黒いうちは絶対にこの本を出さない」と忌避したという説があります。そもそも選考会の委員の中でも激しく賛否両論分かれました。絶賛する人もいれば、「こんなものは読みたくもない」と吐き捨てる人もいて、そういう意味でも石原慎太郎は毀誉褒貶のある人だったわけです。

「太陽族」が生んだ映倫

この中で『太陽の季節』をお読みになった方は――？　あれ、意外に少ないんですね。じゃ、ネタバレにならない程度に説明しましょう。

主人公は高校生の津川龍哉。ボクシング部での活動に熱中する一方で、高校生なのに女遊びっぷりがすごい。その彼を翻弄する女性・英子が登場し、いつしか彼女から龍哉を愛するようになるのだが、そんな英子が疎ましくなって……。ざっと、こういう短編です。

単行本が発売されたのは、戦後十一年たった五六年。経済白書が「もはや戦後ではない」と宣言した年です。日本が廃墟から少しずつ立ち直ろうとしつつある時代背景の中、湘南の海でヨット遊びに興じ、女遊びを繰り返す高校生も出てきた。そうした彼らの無軌道ぶり、一般人から見れば反倫理的な行動を描いてみせたのですから、それは衝撃的でした。

石原慎太郎との雑誌対談で評論家の大宅《おおや》壮一は、これら無軌道な若者たちを「太陽族」と名付け、この言葉は大流行したものです。大宅は、テレビの普及によって日本人はものを考えなくなった、「一億総白痴化」だ、と言った人です。ネーミングの名手でした。

石原慎太郎は、映画『太陽の季節』（監督・古川卓巳、主演・長門裕之）の制作に加わって、弟の裕次郎を脇役でデビューさせ、さらに本人もチラリと出演しています。以後、慎太郎の初期作品が次々に映画化されて、いわゆる太陽族映画として話題をさらいました。弟の裕次郎もあっという間に人気スターへと駆け上がります。

当然、映画には障子破りの場面も出てくるわけですから、その性的表現——今からすれば大したことはない——が大問題になります。つづく太陽族映画も未成年者の入場を禁止する映画館が出てくるようになり、映画界で自主的な規制が叫ばれて、映倫（映倫管理委員会。現・映画倫理機構）が誕生するきっかけになったのです。

三島さんに褒められた！

石原慎太郎が『太陽の季節』で受賞した当時、三島由紀夫はまだ芥川賞の選考委員ではありませんでしたが、この小説をかなり早い段階から評価していました。それも非常に独特の言い回しで。

〈これだけの優れた作品であるにもかかわらず、まるで文学青年的な表現をしている〉

「文学青年的な」とは、書き手としてまだまだ稚拙だという意味でしょう。要するに、作品として優れてはいるけど文章は下手くそだ、ということを持って回った言い方で表現したのです。

石原慎太郎は「三島さんに評価された」といって感激します。しかし彼とて一筋縄ではいきません。「俺は三島由紀夫の文体を真似して書いたんだけどな」——素直には喜ばないものの、彼なりにとても喜んだのです。

政治の世界への助走

初期の石原さんには、今では想像できない側面もありました。日本が六〇年安保（註3）で揺れているとき、石原慎太郎は永六輔や谷川俊太郎など若手文化人と一緒に「若い日本の会」を作って、なんと、安保改定反対運動に乗り出すんです。

きっかけは二年前、岸内閣が警察官職務執行法（警職法）を改正しようとしました。安保反対運動を取り締まりやすくするために、警察官の職務権限を強化しようというのです。これが大衆の間にたいへんな拒否反応を呼び起こして、女性週刊誌が《デートも邪魔する警職法》という特集を組んだほどです。

こんな空気の中で「若い日本の会」も結成されました。若き日の慎太郎は安保条約反対の集会などにも出ています。ただ、安保反対運動そのものが潮が引くように消えていくとともに、この会も分裂をし、やがて消えていったのです。

安保騒動も終息した一九六七年頃、日本の新聞や週刊誌は、ベトナム戦争のルポルタージュを書かせるために、作家を現地に送っていました。

石原慎太郎は、読売新聞の依頼でベトナムに行きます。米軍と行動をともにしながら、ベトナム戦争の実相をさぐろうというわけです。結果からすると、彼はこのベトナム行をきっかけに政治の世界に足を踏み入れることになるのです。

ベトナムを取材したカメラマンが、石原慎太郎について驚くべき証言をしています。当時、朝日新聞の本多勝一記者がベトナム戦争についてのルポルタージュを出しましたが、それに同行した石川文洋カメラマンの目撃談です。それは――、

石原慎太郎と日本の記者たちが米軍将校の案内で各地を見て回る途中、南ベトナム解放民族戦線――当時は「ベトコン」という差別的な名前で呼ばれましたけど、その陣地に向けて、アメリカ軍が砲撃しようとしていました。

（註3）**六〇年安保**……日米安全保障条約に反対する国民および議員による反対運動と大規模デモ運動。改定した新安保を自民党が強行採決したものの、死者も出るほどのデモと機動隊の衝突が起き、岸信介内閣は総辞職する羽目になった。

大砲の引き金に指をかけた

このとき将校が「お前、引き金を引いてみないか」と石原さんに言ったんだそうです。石原さんは「よっしゃ」と言うなり、解放戦線の陣地に向けて大砲を発射しようとした。思わず石川カメラマンは「あなた、そんなことをしてはいけませんよ」と、彼をいさめたそうです。

これは石原さん本人の証言でもあるんです。石原慎太郎いわく、「この時、石川カメラマンが

あまりに悲しみの目で私に優しく諭したものだから、思わず私は引き金を引くことをやめた。しかし、あの時もし石川カメラマンが『そんなこと絶対やっちゃいけない』というふうに強硬に反対したら、あまのじゃくの俺としては引き金を引いていたかもしれない」。

従軍作家は兵士ではありません。従軍作家が敵軍の陣地を攻撃し、兵士を殺害すること自体も問題ですけれども、そのことをためらいもなく書くことのほうが、もっとおぞましいのではないか。私は、この人の人権感覚というものをどうしても疑ってしまう。江藤淳の言う「無意識過剰」は、こういうところに表れるのかなと思います。

弟の人気を借りて選挙運動

帰国して、彼はいよいよ選挙に出ます。一九六八年の参議院選挙、これは角栄がヘリをチャーターして日本列島を飛び回るなど、ものすごく派手な選挙運動をくりひろげた「金権選挙」として有名です。このとき石原は自民党公認で全国区に立候補します。

全国区というのは全国でたった一つの選挙区ですから、途方もなく広く、候補者は金力も体力も使い果たしてしまう。過労でいのちを落とした議員も出るほど過酷だったので、段階を経て今の非拘束名簿式比例代表制方式に改められたわけです。

全国区は名前の知られている候補ほど有利ですから、タレント候補が続々と出ました。中でも石原慎太郎の知名度は抜群です。弟、裕次郎も全国に応援に行き、当時の史上最高三百一万票を獲得して当選を果たします。彼は選挙演説で角栄の金権選挙を批判しましたけど、自民党の公認を得てトップ当選したのです。

以降も、石原慎太郎の選挙には必ず石原軍団が駆け付けました。裕次郎を中心とした俳優たちが応援するばかりか、なんと慎太郎自身、選挙の第一声は「石原裕次郎の兄でございま〜す」。弟の人気に負ぶさって戦うとは男らしくない——「男らしい」という言い方も今では難しくなりましたが、私なんかはちょっと卑怯なのでは？　と思ってしまいます。

青嵐会が起こした一陣の風

衆議院と参議院では、議員にも格差があるようです。霞が関の官僚を呼びつけてヒアリングをしても、あからさまに参議院議員は後回しにされたりする。そもそも総理大臣になれるのも事実上は衆議院議員であって、参議院議員から総理になった例はありません。

石原さんはおそらく、自分が総理大臣になるためには衆議院に転じなければいけないと考えたんでしょう。七二年の総選挙では、衆議院に鞍替えして東京二区から当選します。

翌年、彼が仲間とともに作った政策集団「青嵐会」は、一時期たいへんな風を巻き起こしました。その名前は石原慎太郎の命名によるもので、設立趣意書にこうあります。

〈いたずらに議論に堕することなく、一命を賭して、右、実践する〉

このとき全員で会員名簿に血判をしたためます。ナイフで指に傷をつけて血のハンコを捺したのです。メンバーは石原の他に、中川一郎、渡辺美智雄、ハマコーこと浜田幸一ら血気盛んな、自民党でも右寄りの連中ばかりです。喫緊の政策は「中華民国（台湾）支持、中華人民共和国の承認反対」で、当時の田中内閣の方針とはまるで逆でした。

こうした保守勢力の反対を押しきって、角栄は日中国交正常化に踏み切ったのですが、それに基づいて日中平和友好条約を締結したのは福田赳夫内閣でした。党内でも右寄りの福田派の考え方は、ほぼ青嵐会と同じだったのですが、そこが政治の摩訶不思議なところ。福田派が「中国と仲良くせざるを得ない」と言い出せば、もう誰も反対できなくなった。

一九七九年に青嵐会は解散することになるのですが、それより前、一九七五年に石原さんは東京都知事選に出馬するのです。

初入閣で問題発言

その頃、東京都では経済学者の美濃部亮吉が革新都政を展開していました。美濃部亮吉という人も毀誉褒貶のある政治家でした。弱いものの味方になって、例えば老人医療の無料化など社会保障を充実させ、国が後からそれを追いかけていくというかたちで、じつに人気のある都知事でした。しかし都の財政赤字は人気と引きかえにどんどん積みあがっていったのです。

石原さんは、その美濃部都政を批判して都知事選挙に出ました。しかし、かつて全国区でトップ当選を果たした彼も、さすがに美濃部さんには勝てなかった。僅差で落選したのです。すると次の衆議院選挙に出馬して、再び国政に復帰。そして福田内閣で初入閣、環境庁長官になるんです。

当時はまだ環境庁で「省」ではありません。大臣としてもワンランク低いポストでしたが、水俣病の患者をどう救済するかという大きな課題を抱えていました。ところが、彼はここでさっそく問題発言をやらかします。「これ（患者からの抗議文）を書いたのはＩＱが低い人たちでしょう」耳を疑う発言です。「あの中にはニセ患者がいる」などと言ったりもする。そして患者さんやマスコミから激しい批判を受けると「前言撤回」をする。授業の冒頭で紹介した、責任を放棄して逃げる悪いクセは、このときからのものだったんです。

石原慎太郎という人は天真爛漫です。そしてじつに飽きっぽい。経過をたどってみても、参議院議員→衆議院議員→都知事選（落選）→衆議院議員（入閣）→都知事選（当選）→衆議院議員（日本維新の会）……その目まぐるしい政治活動は、飽きっぽさだけでは片づけられません。すべては「総理大臣」を見すえていたのでしょうか。

リベンジで晴れて都知事に

八九年、石原さんの「総理大臣になりたい」気持ちをはっきり示す出来事が起きます。亀井静香、平沼赳夫、あるいは園田博之らに推されて、自民党の総裁選挙に打って出たのです。しかし海部俊樹に敗れてしまう。これが六年後の議員辞職の遠因となります。

その一九九五年、石原さんは議員在職二十五年表彰を受け、国会の本会議場でスピーチを行ないます。驚いたことに、この演説中に議員辞職を宣言してしまうんです。在職二十五年おめでとうと祝福されて、後足で砂をぶっかけるようなものですね。

じゃあどうするのかと思っていたら、議員を辞めた四年後の都知事選に出たんです。このとき、何人もの候補者が名乗りを上げた最後の最後に出て見事当選して、「あと出しジャンケン」と非難されたものです。

それにしても、東京都知事という仕事はよほど魅力あるポストなんですね。二度めの挑戦で都知事の座にすわり、以後、四期連続当選を果たすのですが、その四期目の途中、二〇一二年に知事の職をほうり出して辞職してしまいます。

なぜかというと、この年、民主党政権（註４）が苦境に立ち、保守の陣営に石原待望論が出てきた。その途端、知事の座を放り投げて国政に返り咲いたというわけです。都知事の仕事に飽きたのか、また総理のイスが目の前にちらついたのか。

それでも、都知事として何もしなかったわけでありません。その政策のいくつかを点検しておきましょう。

（註４）**民主党政権**……二〇〇九年の鳩山由紀夫から菅直人、野田佳彦とめまぐるしく首相が代わった上、最後の野田政権では社会保障・税一体改革関連法案を巡って党から離脱する造反者が相次ぎ、

――混乱の極みの末に解散総選挙を行なって野党に転落した。

都政の星取表は一勝●敗？

就任一年目の二〇〇〇年、知事会見で「新たに銀行に対し外形標準課税をかける」とぶち上げます。ん？　外形標準課税とは何でしょう。

一般的に税金は所得に対してかけられます。銀行という法人に対しては、国が法人税を取る。そして都道府県は法人事業税、市区町村は法人住民税と三段階です。ただし、その銀行に利益が上がっていなければ税金はかかりません。石原さんが目をつけたのはそこでした。

当時はちょうどバブルがはじけた後の金融危機で、銀行を救済しようという話が出ていました。でも、国民世論からすれば「民間企業が潰れても誰も助けてくれないのに、銀行だけ助けるのはフェアじゃない」――銀行に対する敵意が蔓延していたのです。

外形標準課税という税金は、利益が上がっているか否かに関係なく、売り上げとか資本金など、その銀行の事業規模に対してかけようという税金です。銀行などの企業は利益の有無に関係なく行政サービスを受けているので、それを負担してしかるべきだという発想に基づいており、そのアイデアは以前からあったものです。

この新税には都民から拍手喝采。なんと、都議会共産党も賛成しました。「銀行けしからん」という世の中の空気を石原さんは巧みに利用したわけです。

もっとも、銀行側が「こんな税金は法律違反である」として提訴、結局銀行側が勝つんです。しかし負けたときのニュースは、課税をぶちあげたときのニュースに比べると微々たるものでした。まさに彼のポピュリズムが大いに発揮されたわけです。

彼がもう一つ打ち上げた花火は、都立大学を潰して新たに大学を作ろうというものでした。当時、東京には東京都立大学のほかに、都立科学技術大学、都立保健科学大学、都立短大と、四つの大学がありました。これらを統合して新しい大学にしようというのです。それはそれで合理的な考え方ではあるんですが、構想を具体化しようと関係者が頭をひねっている最中、突然上から「新しい都市教養学部を作れ」と指令が降ってきた。

どうも石原さんにすれば、都立大学はリベラルな先生が多い——石原流にいえば「左翼の学者が多い」、これを何とかしたい、というのがそもそもの発想だったと言われています。真偽のほどは分からないですが。

とにかく、二〇〇五年に「首都大学東京」が誕生します。この名前にしても、公募では東京都立大学が一位だったのに、ずっと下位の「首都大学」に「東京」をくっつけた「首都大学東京」で石原さんが押しきった。彼の独特の言語感覚なんでしょう。

こうした上からの押しつけに、都立大学の先生たちが猛反対をして次々に辞めていく。皮肉なことに、経済学部ではマルクス経済学ではなく近代経済学の先生たちが一人を残して全員辞めてしまったんです。

ちなみに、首都大学東京は二〇二〇年度から再び「東京都立大学」に名前を戻すそうです。結局、石原さんのぶち上げた新大学構想は大幅な見直しを迫られたということになるのでしょう。

二〇〇三年に石原知事が掲げた公約に「新銀行東京」がありました。バブルがはじけた後の失われた十年、中小企業が苦境にあえいでいるとき、「大手の銀行はどうも中小企業に対する融資については冷淡である。ここは中小企業向けの融資に積極的な銀行を新たに作ろう」というのが、石原さんの構想です。これもまた関係者や都民からは大いに支持されました。

実際、誕生した新銀行東京は、中小企業に対する無担保無保証融資なるものを打ち出します。しかし、担保もとらず、信用保証協会などの信用保証もなしに、銀行の経営はうまくいくものでしょうか。案の定、新銀行東京は立ちゆかなくなって、一八年には、東京都民銀行と八千代銀行が合併した「きらぼし銀行」に吸収されてしまいます。新銀行東京が抱えた莫大な赤字は、都民の税金が穴埋めに使われたのです。

いいえ、評価すべきこともないわけではありませんよ。ディーゼル車の規制です。

石原知事は記者会見で黒い煤の入ったペットボトルを振りかざして、「これは都内を走るディーゼル車の排気ガスです。皆さん、こんなものを吸ってるんだよ」という分かりやすい説明で、ディーゼル車に対する厳しい規制を導入しました。

これに周辺の首都圏各県も追随をし、国の基準も厳しくなりました。これは石原さんの大きな功績と言っていいと思います。

高級料亭？　ガラパゴス？

その一方で、公私混同・贅沢三昧は舛添要一前都知事以上でした。「サンデー毎日」が情報公開請求をしてみたら、石原さん、高級料亭で一回につき数十万円を、それもお友達ばかりで食事をして都知事の交際費で落としていたのです。

ガラパゴス諸島を視察――なんでガラパゴスなのか――したときは、飛行機はファーストクラス、クルーズ船をチャーター、それらをひっくるめて八人分で一千五百九十万円もの出費！

この無駄遣い問題では舛添要一前都知事が袋叩きにあって辞任しましたが、石原知事の場合、メディアがほとんど報道しませんでした。なぜか。ひとつ言えるのは、都知事の記者会見って、石原さんが怖くて記者たちが怖気づいていることです。何か質問しようものなら、「お前、そんなことも知らないのか。なんてバカな質問をするんだ」と言い放つ。鋭い追及などできる雰囲気じゃなかったそうです。まあ、舛添さんのときだって、「週刊文春」が書いて初めて、その尻馬に乗って舛添叩きが始まったわけですが。

実は舛添さんが辞任する気配になって、私のところに「都知事選に出ませんか？」とオファーがありました。「都知事になったら海外取材にも行けないし、原稿を書く時間がなくなるでしょ」と言うと、「いや、歴代の知事は週に三回しか顔を出さなかったから大丈夫。原稿は書けますよ」

もちろん、野心も何もない私はお断りをいたしましたけれど、聞いてみると、たしかに歴代の知事は都庁にあまり出ていませんでした。石原さんの末期はすべて副知事まかせで、そもそも都庁には週に三日くらいしか出てこなかったとか。おかげで、就任当初は毎日登庁した舛添さん、職員らの評判は上々だったそうで……毎日出るのが当たり前だと思いますけどね。

寝ていた中国を起こす

石原知事は、今につながる大きな問題を手がけています。それは尖閣諸島を都が買収しようとしたことです（註5）。

尖閣諸島の帰属については、日中国交正常化の過程で首脳どうしが話し合っています。角栄さんのときは周恩来首相が「今はこういう話をしたくない」と、日中関係の改善を急ぐことにした。鄧小平が日本に来たときも、「この問題の解決は、後世の知恵にゆだねようじゃないか」という言い方をした。つまり棚上げのままずっと来ていたのです。

ところが石原さんは、埼玉県の個人の私有財産だったものを、「もし中国に買われたりしては大変だ。国が何もやらないんなら東京都が買うぞ」と言いだしたのです。その買収資金は都民に寄付してもらおうと公募したところ、十五億円弱ものお金が集まります。これを見た民主党政権の野田内閣は、「これは都のやることじゃなく、国がやるべきことだ」と、尖閣諸島の国有化に踏み切って、所有者から二十億円で買い上げたのです。

これが中国を激しく刺激しました。中国において土地はすべて国のものなので、「日本があの島を国有化した」と報道されて、「中国の領土を日本国が奪った」と勘違いされたのです。日本人の感覚からすれば、私有財産を国が買い上げたにすぎないのに――。こうした誤解の上に、反日運動が大きく盛り上がってしまったわけです。

――（註5）購入の対象は魚釣島、北小島、南小島の三島で、国が購入したのもこれら。

かつて批判した田中角栄を「天才」

都知事から国政に復帰して以降、日本維新の会などの政党を渡り歩いた石原さんには、見るべき政治活動はないといっていいでしょう。そして二〇一四年には政界を引退。現在は表舞台に出ることもあまりありません。

さあ、石原慎太郎という人はどういう人だったのか？

まず、『太陽の季節』で日本中に大きなインパクトを与え、その後の新人作家輩出の口火を切った。文壇に一石を投じ、戦後の日本文学界に大きな影響を与えたわけです。その意味で、作家として戦後に挑んだ人であることは間違いないでしょう。

国会議員になってからは、右派的な行動を取ることにより、日本国内にある種の保守の潮流を作り出した点で、彼は大きな業績を残したといえます。

東京都知事としては、さまざまなものを打ち上げました。失敗したものも少なくない一方で、国全体を動かす環境政策を成しとげた点で実績もまたあるということです。

ただし、彼の考え方はしょっちゅう変わります。田中角栄を激しく批判して選挙に出ながら、二〇一六年には角栄をモデルに、その業績の見直しを図った『天才』が九十万部の大ベストセラーになりました。これは一体どういうことなの？　と批判したくもなるのですが、石原慎太郎の人気、知名度がそれをかき消してしまうところもあるようです。

そうした毀誉褒貶をひっくるめて、石原慎太郎の魅力といえるのではないか——。

こういうまとめ方で、あとは質疑応答の時間といたします。

Q&Aコーナー

質問者Aさん　考えがコロコロ変わるということで私の印象に残っているのは、都知事時代に上野動物園のパンダのリンリンが死んでしまったとき、「もう中国からパンダは要らない」と言っていたのが、あるときコロッと変わって、「やっぱりお金を払って借り受けます」とおっしゃった。あれは何だったんでしょう？

池上　彼には、ある種の炎上商法を意図している部分がありますよね。中国のことをあえて「支那」と呼び続けるのもそう。そういえば、「中国」と言いかけて慌てて「支那」と言い換えた石原さんを目撃した人がいるんです。
本来は「支那」は差別的な呼び方でも何でもないんですが、日本が日中戦争の時期や戦後、差別的な文脈で「支那人」と呼んだために差別語として定着してしまった。だから、この言い方はやめようというふうになっているわけです。それをあえて「支那と言って何が悪い」と開き直るのは中国を刺激します。これは炎上商法にほかならないと思いますね。
パンダ発言については簡単です。人気のあるパンダなんか「要らない」というのは炎上商法であり、パンダはやっぱり人気があるので「欲しいよね」と言うのは、ポピュリストの彼ならではだと思いますよ。

質問者Bさん　石原さんが理想とする社会はあったんでしょうか？　なんだか、やりたいことをやっただけ、のようにも思えるんですけど。

池上　やっぱり憲法改正でしょうね。あ、彼は憲法改正とは言わないで、破棄すべきだ、という言い方をしています。誇り高き日本を作りたい、という思いはあるんだと思います。彼には彼の国家像というものがあって、それもしばしば変わるんですけど、「この国家像を実現しようとしている自分って素晴らしいだろ？」みたいな自己陶酔、それが彼にはあるんじゃないかなと私は勝手に解釈しています。
あの人は、今の憲法が嫌いで嫌いでしょうがない。批判の理由は、「前文の文章の『てにをは』が文法的に間違っている」、だから国会で破棄宣言をすべきだと。九条うんぬんじゃなく、文学者の立場から否定しているんです。

だけども、初期の石原慎太郎の文章は、てにをはがメチャクチャで、誤字がいっぱいあったと言われているんです。それを棚に上げて憲法の前文を批判するのはね。

質問者Cさん　わたくしごとですけど、石原さんの奥さんが慶應大学で私の上級生にいらして、そのかたわらには息子の伸晃君もいました。奥さんは十八歳で慎太郎氏と結婚して、子育てを終えてから慶應に来られたんですね。で、学内に「石原典子さんを守る会」なんていう親衛隊ができた。それを慎太郎氏は彼一流のレトリックで、「俺は湘南高校でも一橋でも、さして友達はいなかった」と言っていたんですけれども、文壇、政界も含めて、彼に真の友人はいたんでしょうか？

池上　そうですね、青嵐会でともに血判を捺した仲間、なかでも中川一郎は親友だったのかなと思いますけど、彼は自殺してしまった。これ以降、心を許した友人というのはいなかった気がしますね。

彼は裕次郎という弟が亡くなって『弟』という小説で兄弟の絆を描いています。そういう意味では慎太郎には孤独がつきまとっているのかなと。だけど、孤独は見せたくない。自分の弱みを隠そうとして、ああいう物言いになるのかなと思うんです。

第9回

池田大作と創価学会

政教分離と自公連立

巨大な宗教団体であり、
政権政党の支持母体でもある
創価学会に長く君臨する池田大作。
同会と日蓮正宗との関係、そして
なぜこれほど勢力を伸ばせたのか。
彼の「理想」と現実の齟齬とは――。
政治と宗教の関係も踏まえて
ご説明しましょう。

池田大作

いけだだいさく　創価学会名誉会長。一九二八年、東京府生まれ。一九歳の時、創価学会に入信。出版社の編集や信用組合などで働いていたが、学会内で昇進して五四年からは学会に専念。六〇年に戸田城聖の跡を継ぎ第三代会長に。六四年に公明党結成。六五年から『人間革命』の連載を開始する。九一年、日蓮正宗が創価学会を破門。二〇一〇年以降、公の場には姿を現していない皆さん、こんばんは。

今回初めて、という方が大勢いらっしゃるようですね。たぶん学会の方も、反学会の方もいらっしゃるんだろうと思います。私の立つべき位置が非常に難しいところですが、とにかくなるべく客観的にお話ししましょう。

テレビ東京の選挙特番で私、公明党の委員長に学会との政教分離を問いただしたり、学会員がいかにしてＦ票（フレンド票）を集めるかとか、他局のやらないことをやってきました。おかげでネットの世界に「池上無双」という言葉が飛び交いまして、池上がタブーに斬り込んだ、みたいに言われたりします。そこから、「池上は反学会を装ってるけど、結果的に学会や公明党をＰＲすることになってるから、彼は隠れ信者ではないか」という噂も出たんです。

私は学会員でもありませんし、特に反創価学会でもない。一ジャーナリストとして取材をしているにすぎないんです。タブーに挑戦なんて大げさなものではなく、ただ、誰も取り上げてこなかった選挙をめぐる基礎の基礎を取り上げているにすぎないことを、まず知っておいていただきます。

聖教新聞を読む小学生

私は小学生の頃から聖教新聞を熟読しておりました。なぜなら、祖母が創価学会に折伏《しゃくぶく》されたからです。

「折伏」という言葉、若い人は知らないでしょうけど、一九五〇年代から六〇年代にかけて、学会の人がいろんな人に「創価学会に入りなさい」と勧誘した結果、急激に組織が拡大しました。そのとき、何人もで家に押しかけ、「学会に入ります」と言うまで帰らないとか、勧誘から逃げようとした人が電柱につかまって泣き叫ぶようなことが起きた。この勧誘の仕方を「折伏」といって、当時かなり社会問題になったんです。

祖母のところにも毎日毎日何人もがやって来て、玄関先でずっと折伏をしている。ついに祖母は断り切れずに入会したら、毎日聖教新聞が配達されるようになったわけです。私はとにかく新聞大好き少年ですから、家で定期購読している朝日新聞に加えて聖教新聞も隅から隅まで読んだんですけど、連日「国立戒壇（註1）の建立を目標に」みたいな記事が書かれていたのを覚えています。

創価学会はそもそも日蓮正宗の信徒団体です。のちに学会自体が宗教法人になるのですが、今述べた「国立戒壇」を作ろうという目標も、その後大きく変化します。いわゆる言論弾圧問題、言論出版妨害事件をきっかけに、学会はその目標を表に出さなくなりますが、これもあとで詳しく説明いたします。

とにかく小学生の私は、創価学会は日蓮正宗を日本の国教にしようとしてるんだ、と信じ込んでいたわけです。

また選挙特番の話に戻ります。番組スタッフはいつも候補者の面白プロフィールを作るんですが、私もその作業に参加していました。このとき、公明党の候補者を調べていくと、幼少期に親の事業が破産したとか、両親が離婚したとか、つらい目にあった人が異様に多いことに気づいたんです。あ、そういう人たちが救いを求めて創価学会に入るんだな、貧しかった日本が高度経済成長時代に入ったのに、それに取り残された人を積極的に受け入れた、それが創価学会という組織だったんだな、と分かったんです。

（註1）**国立戒壇**……「戒壇」は僧尼になる者に対して戒律を授ける場所。「国立戒壇」は、立正安国会の創立者、田中智学が一九〇二年に提唱した概念。日本が国家として本門の戒壇を建立することを願うのは、天皇に帰依することで法華経の流布を進められるという考えのため。

お題目とは何か

ここで基礎的なことをおさらいしておきましょう。

浄土宗や浄土真宗は「南無阿弥陀仏」と念仏を称えますが、日蓮宗あるいは日蓮正宗では「南無妙法蓮華経」と、お題目を上げます。私の祖母がいつも上げていた「南無妙法蓮華経」のお題目は、私には非常に慣れ親しんだ言葉なんです。

これらに共通する「南無」は「帰依する」という意味なので、「南無阿弥陀仏」は「私は阿弥陀様に帰依します」という信仰告白であり、どうか私の死後は浄土に行くことができるようお導き下さいという、お願いでもあるわけです。

それでは、「南無妙法蓮華経」というのは何でしょう?

「妙法蓮華経」とは法華経のこと。いろんなお経があまたある中で、私は法華経の教えに帰依いたします、という意味になるわけです。日蓮宗あるいは日蓮正宗では、法華経が一番優れたお経である、というのが基本的な考え方だからです。

日蓮という人は、鎌倉時代に浄土宗などを激しく批判しました。その結果、厳しい弾圧を受けます。日蓮は「念仏などという邪教が広まっているがために天変地異が起き、世の中が乱れている。だから、真に正しい法華経を国の教えにしなければ、日本という国の行く末は分からず、外敵の侵略を受けてしまう」と警鐘を鳴らします。

彼は『立正安国論』を著わし、時の最高権力者、北条時頼に差し出すのですが、これが危険視されて伊豆に流され、さらに佐渡に流されます。そうしたらなんと、元が攻めて来た。この元寇によって「あ、日蓮の予言どおりだ」と、にわかに評価が高まったのです。

信者がどんどん増える中で、やがて日蓮は身体を壊します。そして常陸の国(茨城)に湯治に向かう途中、今の大田区にいた檀家の池上宗仲宅に立ち寄り、そこで亡くなります。池上宗仲、宗長の池上兄弟がその地に建てたのが池上本門寺というわけです。

なぜか池上という名前が出てきましたね。私の父親は生前、「うちは池上兄弟にルーツがあるらしい」と根拠もなく言っていましたけれど、よく分かりません。ただ、家は日蓮宗(日蓮正宗ではなく）なので、ひょっとしたら関係があるかも知れないですが。

海外に取材に行くと、「お前の宗教は何だ」と問われることがあります。例えばサウジアラビアに行くと入国カードに書かなければならず、考えた末に「ブディスト」と書く。書いてから、「あ、自分は仏教徒なんだ」と意識する程度のもので、いわゆる「なんちゃって仏教徒」です。特にどこかの宗教に与することは全くありません。

日蓮正宗の特徴

さて、じゃあ、日蓮正宗はいつ日蓮宗から分かれたんでしょう?

日蓮には六人のお弟子さんがいました。日興《にっこう》、日昭《にっしょう》、日朗《にちろう》、日向《にこう》、日頂《にっちょう》、日持《にちじ》です。ちなみに「日蓮」は自分でつけた名前で、太陽のように明るく、蓮の花のように清らかな、そういう人物でありたい、という願いが込められています。そして身延山で修行した弟子にもすべて「日」の字を付けたのです。

ところが、六人それぞれ日蓮の教えや法華経の解釈をめぐって意見を異にしていました。そうはいっても六人のうち五人は一応まとまっていたんですが、一人だけは他の弟子に批判的だった。それが日興です。そして、日興の考え方がのちに日蓮正宗となるわけです。

例えば、日蓮宗は日蓮のことを「日蓮上人」と言うのに対して、日蓮正宗は「日蓮大聖人」と言います。ザックリ言うと、日蓮宗において日蓮は仏様になる一歩手前の菩薩なのに対して、日蓮正宗では、日蓮は仏様なんです。お釈迦様が入滅して何年もたつと、末法といって、釈迦の教えがすっかり消えてしまった世の中になるんですが、そこに新たに教えを広める存在が現われる、それが日蓮という仏様である、という位置付けです。

この日蓮正宗の信徒の団体が創価学会ということになるわけです。

四人の兄を戦争に取られて

戦前の一九三〇年に牧口常三郎《つねさぶろう》（註2）と戸田城聖《じょうせい》（註3）が「創価教育学会」を創設し、牧口が初代会長になります。「教育」の名で分かる通り、最初はあくまで学習する団体だったわけです。二代目が戸田城聖で、両人とも戦争中、治安維持法と不敬罪で逮捕されてしまう。国家神道を認めようとしないで自らの信仰を貫いたからです。そして初代の牧口は獄中で亡くなってしまいます。

この、軍国主義と対決して獄死した事実が戦後になって高く評価されるようになり、創価学会と名を変えて大きく飛躍します。日本共産党が、軍国主義や天皇制と戦った唯一の政党だったことをバネに成長したのと同じです。

ここで初めて第三代会長になる池田大作さんが登場します。彼が日蓮正宗に入信したのは、一九四七年に戸田城聖に会ったのがきっかけ、ということになっているのですが、その経歴を見てみましょう。

彼は一九二八年、大田区の海苔業者の八人きょうだいの五男として生まれています。四人の兄はみんな兵隊に取られ、大作自身も軍隊に入りたいと思うのですが、しかし父親が、「お前まで軍隊に取られてはならない」と猛反対します。そして長兄はビルマで戦死、あとの三人は栄養失調の状態でフラフラになって復員してくるのです。

池田大作が「こんなことになったのは戦争のせいだ」「戦争があってはならない」という強い思いを抱くようになるのはごく自然なことでしょう。

聖教新聞社から出ている小説『新・人間革命』で、池田は山本伸一という架空の名前で登場しますが、そこでこう語っています。

〈平和ほど尊きものはない。平和ほど幸福なものはない。平和こそ人類の進むべき根本の第一歩であらねばならない〉

現在の創価学会が今も平和主義を貫いているかどうかには、またいろんな議論があるわけですが、少なくとも創価学会の婦人部は「もともと池田先生は戦争反対、平和こそが尊いとおっしゃっていたではないか」という姿勢でいます。公明党が安倍政権と蜜月になっているのを見て嫌悪感を示し、集団的自衛権を認めるかどうかをめぐっては学会内部で異論が噴き出しました。

（註2）**牧口常三郎**……一八七一年、現・新潟県出身の教育者、宗教家。『創価教育学体系』第一巻を著した翌年、教職を辞して宗教・教育活動に専念。「人生の目的は価値創造にある」という理念を唱

えた。初代創価学会会長。

（註3）**戸田城聖**……一九〇〇年、石川県出身。学習塾を主催し、当時「受験の神様」と呼ばれた。出版業で成功し、学会を財政面で支えた。初代創価教育学会理事長、第二代創価学会会長。

都会に漂流する若者たち

今、創価学会の会員は八百万世帯にも上っています。なぜこれだけの巨大組織になったのでしょうか？

二代目の戸田城聖のときに「七十五万世帯を目標にする」と拡大路線をとり始め、池田会長になって飛躍的に増えました。学会はなぜか信者の数を世帯数で言います。夫婦二人とも会員なら二倍になる計算ですが、家族も含めると一体いくらになるのか。

創価学会が大きく成長したのは高度経済成長を迎える頃です。地方から農家の二男、三男が続々と東京や大阪へ出てくる時期、ちょうど映画の『ＡＬＷＡＹＳ　三丁目の夕日』の時代です。学歴が決して高いわけではないので、ほとんどが中小企業に就職をする。

大企業や官公庁の労働者は、総評（註4）とか国労（註5）、全逓（註6）、自治労（註7）、あるいは大企業自体の労働組合に加入しますが、中小企業に働く人たちは、仲間が作りたくてもなかなか組織化されません。そんな彼らの願いをうまく吸い取ったのが創価学会ではなかったのか。

日本共産党の青年組織である民青は、歌の会や踊りの会を開き、あるいは歌声喫茶でロシア民謡を歌いながら仲間を広げました。創価学会でそれに当たるのが「座談会」です。もともと池田大作が創価学会に入ったのも、この座談会に出たからです。十人ほどの仲間が集まって各自の悩みをぶつけ合う。それにアドバイスをし合う。都会で孤独に陥っていた彼らには非常に心強いことだったでしょう。

やがてネットワークが広がるとともに、「相互扶助」が行なわれるようになります。心の悩みを癒やすだけでなく、日々の暮らしを支え合うわけです。その点、日蓮宗も日蓮正宗も、それから創価学会も、教義の柱に「現世利益《げんぜりやく》」を据えています。

「現世において一生懸命信心すれば、個々人の心の中にある仏の部分を育てることによって宿命を転換させることができる」――あの世で極楽浄土に行こうというのではなく、この現世において自分の人生を大きく変えることができるんだ、という教えが相互扶助の精神と合致したのです。

折伏というのも、こうした助け合いの気持ちの表れです。仲間にも創価学会に入ってもらえれば、その人の宿命が転換する。そうすれば、それは自分にとって功徳になる。修行にもなる。だから積極的に学会員を増やそう――こうして折伏によって学会組織が拡大していったわけです。

もともと創価学会というのは日蓮正宗の信徒団体です。仮に田舎の実家の宗教が浄土真宗だったり禅宗だったりしても、都会に出てきた自分、あるいは家族が亡くなったときには日蓮正宗のお坊さんがお葬式を挙げてくれる。よく「日本の仏教は葬式仏教でしかない」と批判されますが、何かあった場合にちゃんとお坊さんが来てくれるというのは、非常に心強いことだと思います。

創価学会の聖地は、静岡県富士宮市の大石寺（註8）です。日興が創建したこのお寺は日蓮正宗の総本山であり、学会員はここへ登山をして御本尊を拝むというのが、ある種のイベントになってきました。遠足にも似た楽しいイベントです。学会の成長過程では、年間二百万人が登山をしたといわれ、それにつれて日蓮正宗も拡大していったのです。

（註4）**日本労働組合総評議会**……一九五〇年に設立された日本の労働組合のナショナルセンター。八九年に解散。

（註5）**国鉄労働組合**……四六年に国鉄労働組合総連合として結成。長く組織内の対立や会社との係争を続けていた。現・国鉄労働組合。

（註6）**全逓信労働組合**……四六年に全逓信従業員組合として結成され、激しい権利運動を繰り広げた。現・日本郵政グループ労働組合。

（註7）**全日本自治団体労働組合**……五四年に設立。地方自治体の一般職員が中心の組合であるが、強制加入が問題とされている。

（註8）**大石寺**……一二九〇年、日興が開創した日蓮正宗の総本山。重要文化財の五重塔、秘仏の本門戒壇の大御本尊などがある。

いよいよ政界に進出

大きく成長を遂げた創価学会は、いよいよ政界へ進出します。その政治志向は二代目の戸田城聖会長のときからありました。といっても、政党を作ったわけではありません。とにかく自民党でも社会党でもいいから、学会の人間が政治家となって影響力を持てば、やがて国会で多数を占め、国立戒壇が現実のものになる、というわけです。すなわち、日蓮正宗を国教に、という目標に向かって進みはじめたのです。

まず学会の中の文化部が地方議員を送り出し、それが政治団体の公明政治連盟として学会から切り離されます。この間に戸田会長が突然亡くなり、あとを継いだ池田大作会長が政界進出の動きを加速させます。そして一九六四年に公明党という政党が結成されることになったわけです。

公明党の誕生は、当時の政治情勢にとっては大きな影響力がありました。

「五五年体制」というのをご存じでしょうか。分裂していた左派社会党と右派社会党が一本化され、選挙でどんどん議員を増やしていく。東西冷戦の時代ですから、財界はこの動きに危機感を抱きます。もしも社会党が政権を取って日本が社会主義になったら、ソ連や中国の仲間になってしまう、と大いに怖れたわけです。

そこで保守勢力も一つにまとまらなければと、吉田茂の自由党と鳩山一郎の日本民主党が大同団結して自由民主党ができあがるわけです。こうして社会党と自民党の二大政党による五五年体制制がスタートしたのです。

当たり前ですけど、人々の政治に対する要望は多種多様です。たった二つの政党では、それらの要望のすべてはすくい取れません（まだ共産党の占める位置は小さなものでした）。ここに第三の勢力が入り込む余地があるんですね。だから公明党は、社会党からとび出した民主社会党とともに、このあと日本の政治を動かしていくわけです。

謝罪、政教分離、国立戒壇否定

一九六九年、「言論出版妨害事件」が起こります。明治大学教授で政治評論家の藤原弘達という人が、創価学会を猛烈に批判する本『創価学会を斬る』を書いた。日新報道という出版社が版元ですが、正直に言って罵詈雑言がちりばめられた、池田大作をヒトラーになぞらえるような乱暴な本ではあったんです。

こんなものが出たら創価学会としては大迷惑です。表から裏から手を回して出版されないよう圧力をかける。出版社のほか取次や書店にも圧力をかけ、「本が出てもそれを書店に並べないでくれ」と働きかけるわけです。

そして当時の公明党・竹入義勝委員長が、自民党幹事長の田中角栄に「何とか抑えてくれ」と頼んだんです。すると角栄は著者の藤原弘達本人に電話をかけてきて「何とか出さないでほしい」と頼みこむ。これはお願いとも要望とも受け取れるんですが、与党自民党の幹事長から「やめてくれ」と言われれば、圧力と受け止めても仕方ないでしょう。

このときのやりとりを藤原弘達はそのまま本に書いた。そのおかげで、出版を差し止めようとしたら逆に売れてしまった。それどころか「言論・表現の自由に介入した」と大批判を浴びて、ついに池田大作会長が謝罪に追い込まれてしまったのです。

事は単なる謝罪だけにおさまりませんでした。学会と党の役職兼務をなくすとともに、「創価学会は公明党を応援するけれども、だからといって政治に直接介入はしない。政治は公明党にまかせる」と、政教分離を宣言したのです。

さらに「国立戒壇の建立」も否定しました。それまで、国立戒壇を作ることを大きな目標にしてきた創価学会が、「国立戒壇の建立すなわち、日蓮正宗を国教とせよということではない」という弁明に追い込まれ、「日蓮正宗にとって大切な戒壇は大石寺に作ればいいのであって、国が作るものではない」と方針を大転換したのです。これには日蓮正宗の総本山・大石寺も同調しました。

しかし、日蓮正宗の中には、この方針転換をよしとしなかった人が少なからずいて、総本山を激しく批判したため破門されました。そうした人たちが集まって「妙信講」（現・冨士大石寺顕正会）という組織を結成。現在、このグループは反創価学会運動の急先鋒となっていて、その信者の数が公称で二百万人を超えたと言われています。

こうした学会ないし公明党内部の変化は、公明党が国政に進出したからこそ起きた変化でしょう。地方議会に議員を送り込んでいる程度でしたら、ここまでの反発は起きなかったでしょう。出る杭は打たれたのです。

総本山の怒りを買う

言論出版妨害事件につづき、創価学会にさらに大きな試練が訪れます。一九七七年、創価学会が宗門と仰ぐ日蓮正宗の総本山、大石寺の怒りを買ってしまうんです。

そのわけは、池田大作会長の講演内容が傲慢である、というもの。池田さんは慌ててお詫び登山を決行して謝意を示しますが、それでも宗門の怒りは解けない。仕方なく二年後には会長職を辞任。学会内部には動揺が走り、脱会者が相次いだと言われています。

事態はさらに深刻となります。九〇年、再び宗門の怒りを買うのですが、このときは学会は詫びを入れませんでした。宗門側は、歯向かった学会を信徒団体と認めず、九一年に学会幹部をことごとく破門するという挙に出たのです。

それ以前、学会は宗門に莫大なお金を寄進していました。そのお金で国立戒壇に代わるものとして大石寺の前に立派な正本堂が造られました。そのために学会が信者から集めた金は、なんと三百五十億円にも上ったそうです。ところが、学会と対立した末に宗門側はこの正本堂を破壊してしまいます。そして、それぞれが相手を口を極めて罵ります。

当時の聖教新聞を読むと、いかに日蓮正宗が堕落しているかの証として、次々にお坊さんたちのスキャンダルを暴きつづけます。私のようなナンチャッテ仏教徒が傍で見ていても、「仏の道を進むべき人たちが、こんなに相手のことを罵っていいんだろうか」と思ってしまうほどの激しさだったんです。

宗門側が幹部の破門や正本堂の破壊という強硬策を貫いたのは、こうすることで一般会員が日蓮正宗の直接の信者になるだろうとの読みでした。しかし、この読みに反して、むしろ学会組織はほとんど揺らぐことがなく、逆に一枚岩となったのです。なぜなら、創価学会は二代目・戸田会長の時代に宗教法人として認可されていたからです。この対立を機に創価学会は、池田会長と大石寺法主の二人を頭に戴いていた状態から、宗教法人創価学会へと、すっきりとした組織に生まれ変わることができたのでした。

自民の反学会キャンペーン

今でこそ、自公連立体制を見慣れた私たちですが、そうなる以前の公明党はあくまでも第三勢力であり、政権に対しては是々非々主義の立場をとっていました。むしろ、たびたび金銭スキャンダルを起こす自民党に対しては、公明な政治を求めて「反自民」の姿勢を強めていきます。とりわけ一九九三年に細川護熙内閣（註9）が誕生すると、公明党もほかの野党とともに政権に加わったのです。

これに自民党の反撃が始まります。まだ政教分離ができていないじゃないかとキャンペーンを張り、九四年には立正佼成会、霊友会、神道政治連盟など学会に批判的な宗教団体を糾合して「信教と精神性の尊厳と自由を確立する各界懇話会」、通称「四月会」なるものを組織します。九五年に起きたオウム真理教事件をきっかけに宗教法人法を改正しようとしたのも、反学会の一環と見られています。オウムのような危険な団体を宗教法人として認可したのは自治体でしたが、これを厳格化するために国が認可するように改めよう、というものですが、創価学会にしてみれば、オウム真理教をダシにして自分たちを標的にしていると受け止めます。そして自民党は、池田大作会長への個人攻撃をはじめて「国会に証人喚問せよ」と迫ったんです。

（註9）**細川内閣**……日本新党代表の細川を首相とした、日本新党、日本社会党、新生党、公明党、民社党、新党さきがけ、社会民主連合、民主改革連合による非自民・非共産八党派の連立政権。これにより五五年体制は崩壊したが、政権は短命に終わる。

公明党は自民暴走の抑え役？

そういう中で驚くべきことが起きます。一九九八年、自民党の機関紙「自由新報」が突如、創価学会に謝罪をしたんです。それまでの学会攻撃は「申し訳なかった」と。

その翌年、自民党と公明党による連立が成立。ただし公明党側は「いきなり自民党とくっつくのは露骨すぎるから」と、接着剤として小沢一郎の自由党を間に挟んで、ここに「自・自・公の連立内閣」が誕生したのです。

その後の紆余曲折で自由党が連立から離脱したあとも、公明党は自民党とくっついたままです。まさに「下駄の雪と皮肉られても」――下駄に雪がくっつくと、ずっとくっついて落ちないですね。自民党にくっついて離れない公明党に対する皮肉です。

お配りした資料には「下駄の鼻緒」となっていますけど、すみません、間違えました。なんで間違ったかといいますと、選挙特番の中継で公明党の委員長に「踏まれても踏まれても付いていく下駄の雪、なんて言われてますけど?」と言ったら、さすが委員長、「いやいや、私は下駄の鼻緒となって下駄を引っ張っていきたい」と見事に返されました。われわれには主体性があるんだ、と言いたかったんですかね。

確かに、評論家の佐藤優氏なんかは公明党の存在意義を認めています。自民党が極端な右寄りになるのを食い止めているんだと。安倍政権は安保法制のとき、従来の憲法解釈を変えて集団的自衛権を認めました。その際、当初は自衛隊がフルスペックで米軍と全面的に協力し、海外での軍事行動にも参加できるようにしようとの議論も政府内にはあったわけですが、公明党がそれを抑え込んだ、というのが公明党の主張です。佐藤氏も言っています。安倍政権にブレーキをかけることができる実質的な力があるのは創価学会・公明党だろうと。

池田大作をはじめ、平和を求める学会員、公明党員たちには、公明党が自民党と連立与党を組んでいること自体に疑問を持っているはずです。その一方で、「いや、連立を組んでいるからこそ自民党の暴走を抑えることができる」という考え方もあるわけです。

公明党は安倍流の憲法改正に、真っ向から反対はしないものの、「より慎重であるべきだ」という態度で接しています。つまり、連立を組んでいる公明党が賛成しない限り、憲法改正に踏み切ることができない状態です。ということは、憲法改正を阻止する上で、公明党の力は野党よりも大きいのかも知れません。

もう一つ、自民党が公明党に気を遣う理由があるのです。小選挙区で選挙活動をするうえで、もはや学会・公明党の組織力なしには自民党候補は当選できないのが実情です。後援会名簿も公明党側に渡し、選挙運動を手伝ってもらったおかげで当選できた自民党議員が大勢いるんです。連立を組むうちに、自民党の足腰がすっかり弱ってしまった。自民党が公明党の意向を無視できないのは、そのせいでもあるわけですね。

世界宗教が中国で布教できない理由

二〇一七年の九月、創価学会は「会憲」――創価学会の憲法ともいうべきものを定めました。そこに〈日蓮大聖人は、未来永遠にわたる人類救済の法を確立するとともに、世界広宣流布を御遺命された〉という意味のことが記されています。その「広宣流布」とは、日蓮の教えを世界に広めていこうということです。

「創価学会インタ－ナショナル（ＳＧＩ）」という組織は学会の国際機関であり、下部組織という位置付けです。世界各地にある学会の支部は、すべて東京信濃町の学会本部の下に置くかたちで組織が一本化されている。早い話、創価学会は世界宗教として拡大していこうとしていて、現在、日本以外でも世界百九十一カ国・地域に二百二十万人の信者がいると発表されています。

ただし、中国大陸には信者がいません。というのも、中国共産党との間で「中国大陸では布教活動をしない」と約束をしているからです。その代わり、創価学会は中国共産党と友好関係を結び、さまざまな発言権を確保しています。「法輪功」なる気功集団が中国政府に迫害されたのをご記憶かと思いますが、中国共産党にとっては、創価学会のような巨大宗教が大陸に根を張ることは大いなる恐怖なんです。

逆に言うと、創価学会は中国共産党に対して「われわれの言うことを聞いてくれ、聞かないと布教活動を始めるぞ」と主張できます。それがある種の脅しになり得るわけです。これって、自民党との関係に似ていると思いませんか？

こうした中国との関係はどうして構築されたのでしょう？　それは七二年、当時の公明党・竹入委員長が田中角栄の日中国交正常化に道を開いたからです。竹入さんが事前に周恩来に会って田中角栄の親書を手渡し、「田中首相の訪中を歓迎する」という言質を取れた。この竹入さんの露払いによって田中角栄が北京を訪れ、日中国交正常化が成ったわけです。

この竹入委員長、言論出版妨害のときに田中角栄・自民党幹事長に「藤原弘達の本を出さないように頼む」とお願いをした張本人でしたよね。あれ以降、田中、竹入の二人は信頼関係で結ばれることになり、日本と中国に橋を渡すことになったし、さらに今の自民・公明の友好関係へとつながっているわけです。

ポスト池田はどうなるのか

ここまで見てきたように、創価学会は日中関係の今後を左右する重要なポジションにあるとともに、今や世界宗教として、さらに信者を広げようとしています。日本の宗教団体が世界でこれほど多くの信者を集めるまでになったのは、創価学会が初めてです。

国内を見ると、かつてのような無茶な折伏はなくなりました。となると、これから信者数が増えるのには限界があります。新たに信者が入るとすれば、ほとんど信者の子弟しかありません。親子何代もつづく信者家族だけは増えていくわけです。

学会が置かれているこの状況は、実は日本共産党にも言えることです。選挙特番の候補者プロフィールを作っていると、共産党候補も「両親が共産党員だったから入党しました」というケースがやっぱり多い。

これも共産党との共通点ですが、戦後、あるいは高度経済成長の時代、社会に漂流する多くの若者たちの受け皿になったという点で、学会・公明党が果たした役割は小さくないと思います。

そんな巨大宗教を率いてきた池田大作という人に関しても、その功績はけっして小さくありません。けれども、反池田の立場にある人たちの眼には、権力者が好き放題やっているように映っている。池田さんの女性問題をスキャンダルとして書き立てた雑誌もある。まさに戦後社会の中で毀誉褒貶を抱えて生きてきた人物なんです。

池田大作氏も齢九十を超えました。創価学会ウォッチャーの関心は、すでに「ポスト池田」に向いていますす。学会本部のある信濃町にほど近い某大学病院のＶＩＰ病室の警備が、一時かなり厳重になったこともありました。今はそれも解けて退院したとされていますが、池田さんの健康状態が注視されていることに変わりはありません。

私が表から創価学会に「名誉会長はお元気ですか？」とたずねると、「ええ、元気でおります」という答えが返って来た――というところで今日の授業は終わりにしましょう。

Q＆Aコーナー

質問者A　私は池上さんと同じように、数年前に祖母が亡くなったときに「あら、うちは浄土真宗だったのね」と気づいたぐらいで、私の周りもみな、そんなふうな人ばかりです。けれど一方で、創価学会のようなしっかりした宗教組織がいくつもある。このアンバランスなところが昔から不思議だったんです。この疑問をうまく解いていただければと思います。

池上　宗教学者がよく言うことなんですけど、日本人の多くがナンチャッテ仏教徒なのは、江戸時代の檀家制度が大きな原因です。徳川家が、とにかく有無を言わさずに「このお寺の檀家になりなさい」というかたちで管理を徹底した。お寺の檀家の名簿「過去帳」でもって、いわば住民管理に使ったわけです。

そうしますと、檀家は法事があるたびにお布施をするので、お寺は布教活動をしなくても自動的にお金が入ってくる。そうして日本の仏教から布教活動をしようという意欲がどんどん失われていきました。さらにいえば、本来の仏教は妻帯ご法度ですが、日本の場合は結婚して子どもを産むことができたために、お寺に生まれた子が家業としてその寺を継ぐようになりました。つまり、檀家制度と妻帯が許されたこととが相まって、日本の仏教は、葬式でお経を上げるだけの「葬式仏教」になり、宗教としての力がすっかり衰えてしまったのです。

これらの伝統仏教に対して、創価学会など新宗教と呼ばれる宗教は、檀家制度を持たないがゆえに布教活動で信者をひたすら増やし続けなければいけなくて、それが活力になっているわけで、質問者が言われたアンバランスさは、そうやって生み出されたんだろうと思います。

質問者Bさん　私は医療従事者なのでまったく専門外なんですけれども、池上彰さんの著作を読みまして、人の考えや宗教が社会構造とか経済の仕組みを変えていくとマックス・ヴェーバーが指摘している、というのにすごい衝撃を受けました。その一方で、今、創価学会は世界宗教になりつつあるとお聞きして、じゃあ、マックス・ヴェーバーさんの言うように、創価学会もこの社会を変えていくのかなと思ったんですけど。

池上　今、そう言われるまで全然考えていませんでしたけれども、確かに創価学会においては宿命転換という言葉があるんです。例えばキリスト教では、人の運命は生まれたときから決められているとするのに対して、宿命転換だと、ひたすらお題目を唱えて自分の宿命を変えようとすれば、変えることができる。この考え方が、人生をあきらめている人にとっては非常に力になるんですね。

特にイタリアで創価学会は伸びているんです。自分の思いで人生を切り開けるんだというのは非常に強い説得力があるんでしょう。自分の人生を切り開くことができると分かれば仕事に打ち込める。仕事に打ち込めば事業が成功する可能性も出てくる、ということですよね。そういう意味で、社会や経済に影響が出てくる可能性は確かにあると思います。いい示唆をありがとうございました。

質問者Ｃさん　私は学会員なんですが、長い間公明党を見ていて、池田先生の平和主義とは違う方向を公明党は進んでいるのかなと。それは公明党だけが暴走しているのではなく、学会自体も権力の魔性に取り込まれてしまったのではないかと思っています。

学会本部の職員からもいろんな意見が出ていて、それが「サイレントアピール」となっているわけで……サイレントアピールというのは、学会員や職員がプラカードに思い思いの言葉を書きつけて、信濃町の本部前に立つ一種のデモですけど、私は今年一月七日のアピールに初めて参加しました。これがとても異様でした。信濃町の駅から学会本部まで黒服の学会職員――それも背の高い人ばかりがズラッと路の両側に並んでいる。そのうち大型のトラックがやってきて、資材の搬入と称して作業をする。私たちのプラカードが見えないように邪魔をしているんですね。

私は学会員として、いま大変迷っています。もう辞めようかなとも思いますが、お墓もあるので辞められない。池上さんの率直なご意見をぜひお聞きしたいです。

池上　例えば安保法制のときも、一般のデモや集会に創価学会の三色旗を持って参加する人が大勢いましたよね。あれを見て私は「けっこう言論の自由、表現の自由もあるんだな」と、むしろ好意的に受け止めているんです。そういう自由があるのは、実はとても大事なことです。さらにいえば、本当に政教分離がなされているんであれば、学会員がどの政党を支持してもいいはずですけど、そのために学会を追い出されたり、居心地が悪くなるとすればどうなのか。

ただ、カリスマ的な力を持ったリーダーが不在になったとき、果たしてどうなるかという問題がありますね。ポスト池田に注目が集まるのも、学会・公明党が今後どこに向かうのかがよく分からないからです。私が思うに、岐路に立った時は原点に立ち返ることがとても大事なことだと。創価学会が平和の組織としてスタートしたのなら、そこに立ち返ることだろうと思います。学会にとどまるも辞めるもご本人が決めることですから、私がどうこう言うことではありませんけれども、本来自分はなんでこの宗教組織に入ったのかを見つめ直すことが必要なんではないでしょうか。

だけど、そういう思いを持つ学会員がおられることを多くの方が知った、そのことが本日の授業のとてもいい成果になったんだろうと思います。ありがとうございました。

第10回

上皇陛下と上皇后・美智子さま

象徴天皇としての試行錯誤

上皇陛下

上皇后・美智子さま

二〇一九年になされた譲位は、
崩御にともなわないため明るく、
新元号ともども大歓迎されました。
しかし、被災地を熱心に訪問された
お二人は、「国民に慕われていた」と
今でこそ振り返られますが、
かつては様々なマスコミから
ひどいバッシングを受けていたのです。

明仁上皇（あきひとじょうこう）　一九三三年、東京府生まれ。五九年に正田美智子さんと結婚し、六〇年に第一子の徳仁親王を儲ける。八九年、父の崩御により代一二五代天皇に即位。以降、被災地などを精力的に訪問。二〇一六年に生前譲位の意向を示され、一九年に退位した

美智子上皇后（みちこじょうこうごう）　一九三四年、東京府生まれ。明治以降初の民間出身の皇后であり、結婚時には「ミッチーブーム」が巻き起こった。週刊誌等によるバッシングは散発的に起き、九〇年代には失声症になった。呼称「上皇后」は日本史上初めて使われるもの

※この講義が行われたのは、退位のひと月ほど前。現在の上皇・上皇后については、その時点の呼び方「天皇・皇后」などとし、ほかの方々についても同様とした

大勢お集まりいただき、ありがとうございます。最終回のテーマをスタッフと相談するうち、「天皇陛下と美智子さまは?」という声が出ました。過去を調べてみると、毀誉褒貶というよりは、さまざまなバッシングを受けてきたお二人なんだと、あらためて分かりました。

戦後、お二人の発言や行動に対して「天皇がそんなことはすべきではない」とか「皇后としてはいかがなものか」とかの非難を受けてこられました。「週刊文春」などのメディアからも、かなり手ひどいバッシングを受けました。ですが、いま振り返ってみると、「お二人が苦労を重ねながら歩んでこられたその歩みは、まさに象徴としての歩みだった」と、多くの国民が感じているのではないでしょうか。

私の皇居とのつながりは、昭和六十三年（一九八八年）の初秋にさかのぼります。昭和天皇が九月に突然倒れられて、宮内庁に詰める記者だけでは間に合わず、夜九時のニュースの報道記者だった私にも応援命令が下ったのです。仕事内容は、毎日朝の五時、六時、七時、十時、そして正午のニュースの時間に皇居から中継をすることです。

陛下のご病状は、毎朝午前十時、宮内庁の総務課長が記者発表するんです。それを十時のニュ

ースに入れろと、上司は無茶ぶりをしてくる。発表を聞き終わるなり、宮内庁の建物の外に待機している中継スタッフの前でリポートするのですが、ニュースが終わるのが十時五分ですからまさに分単位、秒単位の勝負。これを毎日毎日やっていたのですから、さすがに鍛えられました。

昭和天皇には戦争の影

昭和六十四年の一月七日の早朝、まず、「危篤になられました」という発表がありました。後で検証してみると、すでにこの時亡くなっておられたのですが、いきなり「崩御」と言うと国民にショックを与えるだろう、ということだったんでしょう。

正午のニュースで皇居から中継をすることになり、このときはじっくりとニュース原稿を書けました。明け方まで雨が降っていたので、〈夜来の雨が上がり〉と書いたら、デスクが「こんなものは要らない」。あくまで客観的な物言いに徹しろというわけです。だけど、私としては何とか自分の思いを込めたい。激しく抵抗しました。普段は物分かりのいい私が抵抗したものですから、最後はデスクがあきらめてくれました。

そのあと午後二時半からは小渕官房長官の記者会見です。「新しい元号は平成であります」。その瞬間、私は「あ、昭和が終わったんだな」と思いました。

昭和という時代は、戦争を挟んでその前と後ではガラリと変わります。そして、昭和天皇はその戦争に対して責任があるのかないのか、ずっと議論があり、今もその議論は終わっていません。

言えることは、昭和天皇にはどうしても戦争の影が付きまとっていたということです。

それが平成に変わった途端に、まさに「内平らかに外成る」――内も外も平和になって、昭和天皇のご闘病中ずっと覆いかぶさっていた黒い雲が晴れ、「全く新しい時代が始まるんだな」と痛感した記憶があります。

私の仕事も新しくなりました。平成元年の四月から首都圏ニュースのキャスターを命じられ、私のキャスター稼業がスタートしたのです。

新憲法下で初めての即位

昭和天皇が即位されたのは、大日本帝国憲法、いわゆる明治憲法の施政下でした。それが戦後、新憲法によって天皇の定義が「日本国民統合の象徴」というふうに変わったのです。これには昭和天皇も、大いに戸惑いがあって当然でしょう。

内奏というものがあります。政治家や大臣が天皇にその時々の政治状況について報告をする。昭和天皇はその報告の一つ一つについて感想を述べたりなさるわけです。

かつて防衛庁長官が内奏した直後の記者会見で、「陛下から国の守りのために頑張ってほしい」と激励を受けました、と漏らしたところ、天皇の発言の政治利用ではないかと大騒ぎになったことがあります。それをご覧になった昭和天皇が、「自分が何か言うことによってこんなに大騒ぎになるのか。何も発言できないじゃないか」と憤ったというお話があるのです。

明仁天皇はどうでしょう。内奏についての質問はされるわけですけれども、ご自身の感想はグッと抑えられているそうです。それもなかなかに辛いことだろうと推測するのですが、今の日本国憲法の下で初めて即位されたお立場で、さあ自分はいったい何をすべきかを考え続けられたのだと思います。

即位三日目のあいさつ文に〈皆さんとともに日本国憲法を守り〉という一文があり、それを聞いた私は「えっ！」と驚きました。確かに憲法第九十九条を読むと、〈天皇又は摂政及び国務大臣、国会議員、裁判官その他の公務員は、この憲法を尊重し擁護する義務を負ふ〉と書かれている。だから天皇が憲法を守るのは当たり前なんです。しかし、私が驚いたのにも理由がありました。

「途中でビデオを止めてください」

今の世の中、天皇をめぐっては不思議な逆転現象がみられます。かつては「天皇制打倒」を叫んでいた左派の人々が、今や「天皇陛下あってこその日本だ」みたいなことを言う一方で、右派的な考え方の人の中には「今の天皇が許せない」と言う人もいる。明仁天皇のことを「反日」と呼んだネトウヨまでいるのです。

天皇ご自身は政治的な発言は一切せず、「日本国憲法に基づいて象徴天皇としての務めを果たしますよ」とおっしゃっているにすぎないのに、それが「天皇は護憲派」と受け止められてしまうのですから、不思議な政治状況というしかありません。

東日本大震災が起きた直後、両陛下は被災地へお見舞いに行きたい意向をお持ちでした。しかし、実際は被災者への思いをビデオメッセージのかたちで全国に向けてテレビ放送されたのです。まだ救出活動が続けられていて復旧もままならない時期に行っても邪魔になるだけだ、と判断なさったからです。

ちなみに、そのビデオメッセージをテレビ局に渡した後、陛下はこうおっしゃったそうです。

「まだ余震が続いています。場合によっては緊急速報を流し、緊急特番に切り替えなければいけないかも知れません。その時は遠慮なく途中でビデオを止めてください」

つまり、余計な忖度をして、人のいのちを救うことを後回しにしたりしないでほしいということなんですね。

目の当たりにした焼け野原

お二人がどんな幼少期を過ごされたのかを見ておきましょう。

天皇陛下は皇太子時代、空襲を避けて日光のあたりに疎開されています。実際に東京に戻ってくるのは終戦から三カ月ほどたった十一月。目にしたものは、一面焼け野原と化した東京の光景でした。戦争に踏み切ると、あるいは戦争に負けてしまうと、こういう結果を招くのか——これが当時十一歳の天皇にとっての戦争体験でした。

美智子さまの場合も似たようなものです。疎開先の軽井沢から戻って東京の惨状を目の当たりにしておられます。

終戦の翌年から四年間、皇太子の家庭教師としてアメリカ人女性のヴァイニング夫人が就きます。右派の論客からは「GHQが皇太子を洗脳するために押し付けたんだ」という声も上がりましたが、実際は、昭和天皇がアメリカから来日した教育使節団の団長に「皇太子の家庭教師をアメリカから派遣してくれ」と要望したからで、けっしてGHQの押しつけではなかったのです。日本側は人選について二つ注文を付けました。狂信的なキリスト教徒でない女性、日本をよく知らない、日本語のできない人をと。そうして選ばれたヴァイニング夫人ですが、彼女は交通事故でご主人を亡くし、自身も重傷を負って、その療養中にクエーカー教徒（註1）になっていました。

夫人は学習院で英語を教えると同時に、当時は中等科に学んでいた皇太子の英語の家庭教師として、アメリカの文化についても教えています。

夫人がアメリカに帰ってから刊行した本（邦訳『皇太子の窓』文藝春秋刊）には、皇太子が両親と一緒に住んでいないと知って仰天したことが書かれています。週に一度、小金井の御仮寓所《ごかぐうしょ》を出て両親の住む皇居に会いに行くのですから、十二歳の皇太子はきっと寂しい思いをされたことでしょう。美智子さまと結婚された後、「結婚によって初めて家庭の温かさというものが分かった」という趣旨のことをおっしゃっています。

ですから、浩宮（徳仁《なるひと》＝今上天皇）、礼宮（文仁＝秋篠宮）、紀宮（黒田清子）と三人のお子様ともお手元に置いて育てられました。これは画期的なことでした。お世継ぎである皇太子は天皇皇后とは引き離されて育てられるのが慣習だった。それを初めて打ち破ったのが明仁天皇と美智子さまだったんです。

もう一つ、ヴァイニング夫人は記しています。皇太子は〈すべてにわたって受け身であった〉と。周りの人たちがすべてやってくれるので、夫人が「さあ、どうしますか？」と水を向けても、「どうぞお好きなように」と言うばかり。自分で何かをしようという発想が全くなかったというのです。これではいけないと、夫人が事あるごとに「さあ、どうしますか？」「今度はどうしますか」と問いかけることで、自らの意思で行動することの大切さを伝えていったということです。

（註1）**クエーカー**……キリスト教プロテスタントの一派であるキリスト友会の呼称。人びとが神秘体験にあって身を震わせる（quake）ことからの俗称。形式的な教義を廃し、質素な生活、（男女間も含む）平等主義などが特徴。

皇太子は大学中退？

論議を呼んだのは、夫人が皇太子に英語のニックネームを付けたことです。彼女にとっては日本の名前は発音しにくいし覚えにくい。そこで教室の生徒にそれぞれ英語名前を与え、皇太子にも「ジミー」と付けたのです。「あなたはジミーですよ」と言ったら本人が「私はプリンスです」

と答えたそうですけれど。

やがてこのことが外部に漏れてしまいます。保守派にしてみると、「将来の天皇にジミーなんてニックネームを付けるとはけしからん」というわけです。例えば作家・評論家の藤島泰輔。この人は皇太子のご学友で、余計なことを付け足せば、ジャニーズ事務所のメリー喜多川さんと再婚した方です。その藤島氏は「アメリカが将来の天皇にキリスト教徒の家庭教師を付けることで病原菌を植え付けた」という言い方をしています。

こうした外野席の声をよそに、皇太子教育は着々となされていきます。

宮内府（現・宮内庁）は日本人の手で帝王学を授けようと、慶應義塾の塾長を辞めたばかりの小泉信三を教育係にするのです。

さらに、海外に行って見聞を広めていただこうと、海外留学を計画します。昭和天皇も若い頃（大正十年）ヨーロッパを旅されましたが、設計者のギュスターヴ・エッフェルさんの案内でエッフェル塔に上ったときの映像なども残っています。

昭和天皇が帝王学の一環としてヨーロッパを歴訪されたのにちなんで、明仁皇太子も学習院大学在学中の一九五三年、エリザベス女王の戴冠式に天皇の名代としてイギリスに赴きます。それを機に、ヨーロッパ各地、アメリカ、カナダを六カ月間旅行されたのです。

ここでまた論議がまき起こりました。半年も日本を空けるとなると、大学の授業に出られなくなる。学習院大学としては、六カ月も欠席した学生に単位はやれない――。皇族華族の子弟のための大学も、戦後は新制大学に変わり、民主化によってすっかり性格が変わっていたわけです。結局、単位は与えられないが進級は認める、ということになり、帰国後の皇太子は聴講生として授業に出たのですが、これがまた保守派を刺激します。「皇太子を中退させるとはどういうことか」

たしかに平成の天皇は大学中退なんです。だけど、天皇陛下に果たして学歴が必須なのかどうか。皆さんはどう思われるでしょう？

平民出身の「粉屋の娘」

一方の美智子さま。日清製粉の元会長、故・正田英三郎《ひでさぶろう》氏の長女としてお生まれになったのですが、いよいよ皇太子とご結婚、というとき、アメリカの新聞が《ミラーズ・ドーター》と書いたんです。日本では「粉屋の娘」と訳されました。

美智子さまは聖心女子大学の文学部・外国語外国文学科を首席で卒業し、卒業式では総代として答辞を読んでいます。そして卒業した年、一九五七年の八月に軽井沢のテニスコートで運命の出会いがあり、五九年四月十日のご成婚の日を迎えます。

このとき、馬車に乗っての街頭パレード（十九歳の少年が馬車に向かって投石するというハプニングもありましたが）でミッチー・ブームは最高潮に達します。しかしこのあと、平民出身の美智子さまに何度もバッシングが襲いかかるのです。

一九六〇年に徳仁親王が生まれます。その直後、皇太子さまご夫妻は日米修好百周年記念事業のためにアメリカに行くことになりました。まだ生後七カ月の親王はお留守番です。美智子さまは留守を預かるお付きの人に、いろいろと注意事項をメモして渡します。帰国後も、折にふれてメモしていきます。これが「ナルちゃん憲法」と呼ばれるもので、やがてこれを皇室ジャーナリストが取材して本にします。そのタイトルも『ナルちゃん憲法』（松崎敏彌著・光文社文庫）、美智子さま流の子育て術です。

例えばその中に、〈いけないこと、悪いことがあったら、きちんと叱らなければいけない〉とあります。いずれ天皇になる人ですけれど、いや、だからこそ、ちやほやしてはいけないというわけです。そうやって厳しく躾ける一方で、〈一日に一度は必ず抱きしめてあげてください〉

――もちろんご本人がいる時はご本人が抱きしめられたのでしょう。

教育法もあります。徳仁親王は勉強嫌いになったこともあるようです。それでも美智子さまは、〈私も勉強が嫌で勉強しなかったことがあります。でも、そのときに両親は決して勉強を強制しませんでした。勉強が必要なんだと本人が気づくまで放っておいた。自発的に取り組むようになるのを辛抱強く待たなければいけません〉

六〇〜七〇年代、この育児法・教育法がわっと広まりました。それでも、皇室の伝統に反してお子様方を育てる美智子さまには、陰口を叩いたり、おおっぴらに批判したりする人もいたのです。それは美智子さまが皇后となられてから、週刊誌による皇室バッシング記事となって現われます。

週刊誌記事に声を失う

九三年秋、「週刊文春」と「週刊新潮」が毎号のように皇室批判を展開します。〈皇后陛下が夜になって突然出てきてお付きのものに食事を作らせた〉〈皇后陛下が女帝として振る舞っている〉……。実際にあるのかないのか、さまざまなことが宮内庁職員の匿名告発のかたちで語られますが、そのほとんどは美智子皇后へのバッシングです。

そういえば前年の九二年、両陛下は中国を訪問しておられます。その際、あの日中戦争について天皇が中国に謝罪するのかどうか、これが大変な政治的論争を呼んだのです。

新聞には訪中反対の意見広告まで出ました。保守派からすれば、いくら宮澤内閣が決めたこととはいえ、天皇が訪中するとそこで中国に謝罪するかもしれない――。でも、さすがに、政治的な問題で天皇をあからさまに批判することはためらわれたのでしょうか。なぜか翌年になって、美智子皇后をターゲットに皇室批判がくり広げられたのです。

「週刊文春」が先頭に立って行なったキャンペーンは、翌十月になって深刻な結果をもたらします。心労から美智子皇后は倒れられ、声が出なくなってしまったのです。

ここから世間の風向きが変わります。美智子さまをこんな目に遭わせた「週刊文春」に矛先が向けられ、ようやく皇后叩きは収まったのです。

やがて美智子さまは何とか声を取り戻されるのですが、これが大きな心の傷となって残っただろうとは容易に推測できるでしょう。

陛下が膝を折るとは⁉

もっとも、天皇陛下へのバッシングがなかったわけではありません。それは被災者への慰問のときです。

九〇年から始まった雲仙普賢岳の噴火で、火砕流によって大勢の犠牲者が出ました。このとき肉親や知人を失って避難所で暮らす被災者たちを、両陛下が見舞われたのです。天皇陛下は体育館の床に膝をつき、ござに座る被災者と直接会話を交わされた。この、ごく自然な動作が、また一部の人々から問題とされることになりました。

「天皇ともあろうお方が膝を屈して民に語りかけるとは！」

歴代の天皇は、床に膝をついて一般庶民と同じ目線で語りかけることはなかったのも確かです。でも繰り返しますが、江戸期までの天皇は別にして、明治・大正・昭和の天皇は旧憲法下の天皇です。明仁天皇は新憲法下の天皇なんです。昭和天皇にしても、まだ象徴天皇はどうあるべきかに戸惑いをお持ちだったようです。

しかし、「なんで天皇にあんなことをさせたんだ」と、宮内庁や被災自治体に全国から抗議電話が殺到しました。

評論家の江藤淳が月刊の『文藝春秋』にこんなことを書いていますⅰ（註2）。

〈何もひざまずく必要はない。被災者と同じ目線である必要もない。現行憲法上も特別の地位に立っておられる方々であってみれば、立ったままで構わない。馬上であろうと車上であろうとよいのです。国民に愛されようとする必要も一切ない〉

被災者の中には、皇后さまの肩に抱かれて泣く女性もいました。そうした姿を今の私たちは、ごく普通のことと受け止めています。しかし、四方八方から投げつけられる批判やバッシングの中で、そうした姿勢を示すことが、当時はいかに勇気の要る行動だったことか。そして、その一貫した姿勢は今も続けられているのです。

――（註2）「文藝春秋」一九九五年三月号掲載、「皇室にあえて問う」。

旧戦地へ慰霊の旅

お二人は被災地だけでなく、太平洋戦争の旧戦地へ慰霊の旅にも出かけておられます。沖縄には何度も足を運ばれ、太平洋の戦跡をいくつも訪ねている。いずれも昭和天皇がなし得なかったことです。お二人は、本当の意味での戦後を終わらせるために慰霊の旅を続けておられるような気がしてならないんです。

では、慰霊の旅がどんなものであったかを見てみましょう。

〔沖縄への旅〕

沖縄返還から三年後の七五年七月、沖縄海洋博が開かれたのを機に、当時の皇太子はその名誉総裁として妃殿下とともに初めて沖縄を訪問されました。

ひめゆりの塔に献花をされたときです。隠れていた過激派二人がご夫妻に火炎瓶を投げつけるという衝撃的な出来事がありました。幸いお二人に直接当たることもなかったのですが、このとき私が感じ入ったのは、皇太子がとっさに美智子さまをかばう格好をされたことです。……そこのご主人も気を付けて下さいね。何があっても自分だけ逃げようとしない。そこに夫婦の真実が表れるんですから（笑）。

〔中国でのお言葉〕

戦《いくさ》で亡くなったのは日本人だけではありません。先の訪中時には、あいさつ文の中でこうおっしゃっています。

〈この両国の関係の永きにわたる歴史において、我が国が中国国民に対し多大の苦難を与えた不幸な一時期がありました。これは私の深く悲しみとするところであります〉

練りに練った文章です。天皇、あるいは皇太子として、政治に関与するわけにはいかない。けれども、中国の国民に対して「すまない」思いを持っていることは伝えたい。それが〈私の深く悲しみとするところ〉という、綱渡りのような表現に込められたのです。

中国側はこれを非常に好意的に受け止めたようで、これ以降、日中関係が劇的に好転するのです。ただし、尖閣諸島をめぐって日中関係が悪化してしまうまでは……。

〔サイパン島「バンザイ岬」〕

九四年の硫黄島につづき、二〇〇五年にはサイパンを訪れていらっしゃいます。ここにバンザイ岬《クリフ》という場所があります。若者の中にはここで面白半分に海に向かって万歳をする者もいるらしいのですが、実はこの岬は、米軍に追いつめられた日本人たちが「天皇陛下万歳！」と叫びながら八十メートル下の海に飛び込んだ地なんです。

両陛下はここで鎮魂の祈りを捧げただけではなく、サイパンで戦ったアメリカ兵の墓地も訪れています。慰霊の対象は敵味方の別がないのです。

バンザイ岬のあとご夫妻は、朝鮮半島出身者の慰霊碑「太平洋韓国人追念平和塔」も訪れています。サイパンでは、朝鮮半島から連れてこられた徴用工も巻きぞえで亡くなっていて、その人たちに祈りを捧げられたのです。

この慰霊碑訪問は、随行記者団に配られた予定表には入っていませんでした。おそらく宮内庁が、内外からの政治的反発を招かないように、あえて明記しなかったのでしょう。

朝鮮半島へのまなざし

このほか、二〇一五年にはパラオを、翌一六年にはフィリピン、さらに一七年にはベトナムと、戦没者慰霊の旅を続けておられますが、日本の若者は日本軍がベトナムを占領していた事実を知りません。フィリピン政府によると、マニラ市街戦などでフィリピン国民百十万人が死んでいるというデータさえあるのです。

ここで、おや、韓国は？　と思われるかも知れませんが、韓国訪問はまだ実現していません。でも、お二人の朝鮮半島への思いは、格別なものがあるようです。

翌年にサッカーW杯日韓共催大会を控えた二〇〇一年、誕生日会見で記者からの「韓国に対してどのような思いをお持ちですか？」という質問に、こんな発言をなさいました。

〈桓武天皇の生母が百済の武寧王《ぶねい》の子孫であると、『続日本紀《しょくにほんぎ》』に記されていることに、韓国とのゆかりを感じています〉

これは大きな波紋を呼びました。いかに史料に記された事実とはいえ、皇室には朝鮮半島出身者の血が入っているんですよ、とおっしゃったわけですから。

おそらくあの発言の背景には、朝鮮半島との関係が悪化することに心の痛みを覚えていらっしゃったことがあろうかと思います。今、二〇一九年の時点で、日韓関係は戦後最悪の状態になっていますから、さらにご心痛は深まっていることでしょう。

二〇一七年の九月、高麗《こま》神社を公務ではなくプライベートで参拝されたことがあります。かつて高句麗が新羅・唐の連合軍に滅ぼされた時、大勢の高句麗出身者が半島から日本に渡ってきて、現在の西武池袋線の高麗《こま》駅のあたりを中心に住み着いたのです。そして、彼らを祀る神社が高麗神社で、ここを両陛下が参拝に訪れたわけです。

これも日本国内ではほとんど報道されなかったのに、韓国では大きく報道されました。お二人が韓国をどんな思いで見つづけているか、韓国ではかなり知られているんだろうとは思います。

生前退位のご意向

いよいよ天皇陛下が退位されようとしています。

この「生前退位」をしたいとのご意向を報じたのはＮＨＫでした。社会部の宮内庁担当記者の特ダネです。

社会部は、この特ダネをいつ、どう報道するかで頭を悩ませました。一つには「保秘」の問題があるからです。もしそれが政治部に漏れますと、すぐに政権にご注進する人がいる。そうすると官邸から「放送すべきではない」と抑えられてしまうだろう。ご意向を公にすることには、きわめて政治的な意味合いを持つからです。そこで社会部でもごくごく少数の人間だけに知らせ、放送当日まで漏らさないようにしたのです。

ＮＨＫは二〇一六年七月十三日に、「天皇が退位の意向を宮内庁関係者に伝えられている」といった特ダネを放送しています。案の定、政治部は怒り狂いました。「なんで教えなかった！」

それはともかく、陛下の本音は、体力の衰えとともに象徴としての務めができなくなるのでは、という惧《おそ》れにもとづいています。被災地を訪れるにも体力が要るし、全国戦没者追悼式では手順を間違えるということもありました。

実はそれだけではない。両陛下はかねて、自分たちの亡骸は火葬に、とおっしゃっています。

歴代の天皇はすべて土葬で、遺体は天皇陵を造って葬られている。でも、両陛下は「そういう大げさなことはしてほしくない。一般の国民が火葬なのだから私たちもそうであってほしい」と、非常に慎ましいお考えをお持ちなのです。

昭和天皇が病に倒れられて以降、日本中に自粛ムードが広がりました。全国の秋祭りが次々に中止になったほか、例えば日産自動車のＣＭでは、井上陽水が助手席の窓から「みなさん、お元気ですか」と声をかけるシーンがあったのに、その音声は消されてしまいました。天皇のご闘病中に「お元気ですか」はないだろう、と。

自粛だらけのそんな光景を、皇太子としてご覧になり、お考えになったのでしょう。もし天皇の地位にある者が病気で倒れると、日本から活気がなくなり、経済も沈滞してしまう。しかし、その地位が上皇であれば大きな影響はなくて済み、国民に負担をかけなくて済むのではないか――。こういう天皇のお気持ちがあって、今回の生前退位、譲位ということになったのだと思います。

天皇のお仕事は祈りだけ？

ご意向表明で事はすんなり進んだわけではなく、難題が待ち構えていました。生前退位の取り決めがない現行の皇室典範を変えるとなると、天皇の意向が政治を動かしたことになる、これは天皇の政治行為を禁じた憲法違反だ、という声が上がったのです。

八月八日のビデオメッセージは、この難題を解決するための策でもありました。

「体力の衰えがあって象徴としての務めが果たせなくなりました、そのことについて国民の理解を求めます」と言うにとどめて、あとは忖度してください、というわけです。実際、その後の動きをみると、まさに究極の忖度政治が行なわれることになったのです。

安倍内閣は「天皇の公務の負担軽減等に関する有識者会議」（註3）なるものを設けました。メンバーは、経団連名誉会長や学者らで構成し、天皇問題の専門家には会議でのヒアリングというかたちで意見を言ってもらうことにした。専門家を集めるとそこには右派の論客も入ってきて面倒だからです。いわば事態を前に進めるためのガス抜きですね。

ヒアリングのメンバーの一人、上智大学名誉教授の渡部昇一さん（故人）は、記者団にこう言っています。「昔から天皇の第一のお仕事というのは、国のため、国民のためにお祈りされることであります」

天皇は祈っていればいいんだよ。被災地の慰問なんかに行くことはない、そんなものは天皇の務めではない。お祈りするだけならまだまだ体力はあるだろう、退位なんかしなくても――。これが報道されて、天皇陛下はいたく傷つかれたといいます。

ところが、私が有識者会議のメンバーの一人に確かめると、渡部さんはヒアリングでそんなことは言わなかったそうです。言ってもいないことを記者団には言うなんてと、その人は怒り狂っていました。

（註3）**天皇の公務の負担軽減等に関する有識者会議**……全部で六名からなり、元ニュースキャスターの宮崎緑氏（千葉商科大学国際教養学部長）が入っていたことが話題に。二〇一六年十月から一七年四月までの間に十四回開催された。

夜のお茶会

結局、多くの国民が「本当にお疲れさまでした」とねぎらい、退位をみんなで認めようじゃないかという空気になりました。まさに天皇ご本人が自ら作り上げた天皇像を、国民の大半が認めたからこそではないでしょうか。

私、お二人に身近に接したことがあるんです。吹上御所で夜のお茶会というのがありまして、両陛下が夕食後の夜八時、各界の人を招いて、世の中のことについて話を聴くということを時々おやりになっていたんです。

数年前のこと、先輩から誘われて、そのお茶会にＮＨＫから三人が呼ばれました。そこでの話の内容はオフレコですので残念ながら明かすことはできないのですが、これはいいでしょう。

私以外の二人は前にも呼ばれたことがあったので、天皇陛下がその時のことをお話しになっている。そうするとすぐに美智子さまが「池上さんは初めてでいらっしゃるから、前回の話も含めて説明して差し上げたら？」とおっしゃったんです。なんて行き届いた方だろうかと、そこですっかりファンになってしまいました。

退位された後どうされるのか分かりません。いきなり「することが何もない」となると精神的に緊張が解けてしまって体調にも問題が出るでしょう。ですから、お茶会のような機会を設けて、今後も世の中について関心を持ち続けていただければいいなと、個人的には思っております。

Q＆Aコーナー

質問者Aさん　お話を聞いていますと、平成天皇というのは大変過激で積極的で……。

池上　平成天皇とは呼ばないほうがいいと思います。それだと諡号《しごう》（贈り名）で、亡くなった人に対する称号になりますから。平成の天皇、ですね。

Aさん　ごめんなさい。平成の天皇ですけれども、けっこう大胆なことを重ねてきたなというふうに思ったんですが、ズバリ、女性天皇はどうなんでしょうか。

池上　まさにそれが今後の課題になると思います。小泉内閣の時に、女性天皇を認めるという有識者会議の報告が出ていますけれど、秋篠宮家に悠仁《ひさひと》さまが生まれた途端に動きがパタッと止まってしまった。けれども、将来、悠仁さまにお妃が現われるのか、私としても危惧しております。お世継ぎの伴侶のお立場がきびしいものだというのは、雅子さまの例をみてもよく分かるからです。さらに、仮に結婚されたとして、男子が果たして生まれるのかどうか、これも分からないわけですね。

これまで、万世一系という言い方をされてきましたけれども、それを可能にしたのは、側室の存在があってこそなんです。意外に皆さんご存じないですけど、大正天皇だって明治天皇の側室のお子様なんですね。豊島岡墓地に行けば、明治天皇の側室たちのお墓があります。そうやって血脈が延々とつながれてきた。

じゃあ、一夫一婦制を維持しながら、必ず男の子が生まれるかというと、それは非常に難しいという現実があるわけです。一つの解決策は、戦後、皇籍を離脱された方をもう一度呼び戻す方法があります。でも、その中には、五輪がらみの収賄疑惑を抱えたり、女性問題で週刊誌を賑わしたり、あまりにも自由な生き方をされている人もいて、その人に皇位継承権を与えてもいいのかという声も出そうです。

あと、もちろん女系天皇、女性天皇を認めるという手立てももちろんあります。

これは、いずれ政治家が決断をしなければいけない問題なのに、「悠仁さまがいらっしゃるからいいんじゃないの」と問題先送りになっているのが実情ですよね。政治家だけじゃない、私たち国民もなるべく先送りしたいんですよ。私だって、こんな面倒な話には口を挟みたくないのが本音なんです。

質問者Bさん　毎月この授業を楽しみにしていましたので、今回が最後ということで寂しい思いでいるんです。それで、きょうのテーマとは関係ないですけど、私はテレビ局で報道に携わっていまして、その立場からお伺いしたいのですが、池上さんは今、何を使命にジャーナリストとしての活動をされているのかなと思いまして。

池上　十回の締めになるような質問ですね。今、報道のあり方が問われています。報道についてはいろんな批判がある中で、基本は事実をきちんと伝えることだと思うんです。

イギリスは議会制民主主義のお手本の国ですけど、そのイギリスで国民投票によってEU離脱が決まってしまった。そしたら、直後のグーグルの検索トップが「EU」だったんです。つまり、離脱が決まってから「そういえばEUって何だっけ？」と慌てて調べた人がいっぱいいた。みんなボーッとしていたんでしょうか。あれじゃチコちゃんに叱られますよね（笑）。

あのとき、離脱のメリットしか言わないフェイクニュースがずいぶん流れました。だけど、そこでメディアも、「何が起きるか」を冷静に伝えることができなかった。このことを、われわれジャーナリストはしっかりと見つめ直すべきです。

あくまで理想論でいえば、民主主義社会は、一人一人が自分の頭で判断することが大事で、そのための材料を提供するのがジャーナリストの役割なんじゃないか。その場合、ジャーナリストにはいろんなタイプがあっていい。自分の意見を声高に言う人、人のことを批判する人、さまざまなジャーナリストがいてこそ、民主主義を健全に維持できる。私の場合はあえて意見を押しつけないで、一人一人に判断してもらうようにしています。そういうタイプが一人ぐらいいてもいいのかなと。

少しでも正確な事実をきちんと伝え、あとは皆さんの判断に任せる、私はそういう道を進みますよ、ということですね。

そんなことでよろしいでしょうか。どうもありがとうございました。（拍手）

あとがき——授業を終えて

文藝春秋の人たちは部門を越えて風通しがよく、すぐに協力し合います。私の文藝春秋での仕事の担当者たちが一緒になって、「夜間授業をしませんか」と提案してきたところから、この企画がスタートしました。

文藝春秋の西館地下には広い講堂があり、ここでいろいろな人が夜間授業をしています。私に与えられたお題は「〝戦後〟に挑んだ10人の日本人」。戦後の日本では、既成の体制にさまざまな方法で挑んだ人たちがいます。そんな人物伝を扱おうというわけです。

では、誰を選ぶのか。選ぶ視点は、毀誉褒貶のある人ということになりました。たとえば田中角栄。「コンピューター付ブルドーザー」と呼ばれたほど、経済に関する数字に強く、行動力があったので、こう呼ばれました。『日本列島改造論』を著し、高速道路と高速鉄道で全国をつなぎ、均衡ある日本列島の建設を目指しました。

しかし、その結果は、自然破壊と狂乱物価を伴いました。さらに『月刊　文藝春秋』で立花隆氏が金脈を追及し、これが致命傷となって総理を辞任しました。

この両面を見れば、毀誉褒貶のある人物という意味がわかりますが、角栄の場合、この枠に収まり切らない側面があります。それは、彼が提唱した高速鉄道網が、いまも建設されているからです。これは、彼の未来を見通す力を示すのか、それとも現代の日本といえども角栄の呪縛から逃れられないのか。さて、どちらなのか。

田中角栄の次は江副浩正を取り上げました。この夏、リクルートの関連会社が、リクナビを使って就職情報を得ている学生の情報を集め、「内定辞退率」を企業に販売していたことが明らかになりました。学生のための情報を与えてくれるのがリクルートだと思っていた学生は、「裏切られた」と思ったことでしょう。

しかし、そもそも江副は東京大学新聞に企業情報の広告を集めることをビジネスにしました。東大新聞に広告を掲載すれば東大生の採用に有利になるというのが謳い文句でした。つまりリクルートは、「学生のため」ではなく、企業を相手にビジネスを始めたのです。その延長線上に今回の事態が発覚したと考えれば、驚くことではなかったのです。

この秋の安倍内閣の改造で初入閣した小泉進次郎。その父親の小泉純一郎も総理として毀誉褒貶が激しい人物です。「自民党をぶっ壊す」というフレーズで一躍有名になりましたが、別に本当に自民党を「ぶっ壊す」つもりだったのではありません。「自分の改革を自民党が邪魔するのなら」という前段の文章があったのです。

小泉内閣は郵政民営化を実現しました。ところが、ここへ来て「かんぽ生命」の強引な勧誘が大きな問題になりました。金儲け至上主義に走り、これまで郵便局を支えてきた多くの人たちを裏切ったのです。小泉内閣の歴史的責任が問われます。

渡邉恒雄を取り上げたときは大きな反響がありました。新聞界のドンをどう取り上げるか注目した人が多かったようです。会場には、明らかに読売グループから送り込まれたと見られる参加者が目につきました。スパイに来たのでしょうか。多くの聴衆が熱心に前を向いてノートを取る中で、その男性は終始身体を斜に構え、一切メモを取ろうとしませんでした。

その人物とは別に、この会場に来たという読売グループの人から最近になって話を聞きました。読売グループに在籍していることで、重いものを感じていたそうですが、私の話を聞いて、「気分が少し軽くなりました」と述懐していました。それは、どういう意味なのか。私の分析が、渡邉恒雄という人物を一刀両断にしなかったからでしょうか。

池田大作を取り上げたときも、大勢の聴衆が詰めかけました。創価学会の会員はもちろんのこと、反創価学会の人も来ていました。

質疑応答の中では、最近の創価学会が「平和の組織」ではなくなっているのではないかと危機感を吐露する学会員の人もいました。学会員の苦悩が見えた発言でした。

そして天皇陛下と美智子さま。現在は上皇陛下と上皇后さまです。この二人が、なぜ「戦後に挑んだ10人」に入るのか。なぜ二人は「毀誉褒貶」あると表現されたのか。これは本文をお読みになればわかりますが、日本国憲法のもとで天皇に即位した初めての天皇として、憲法が規定する「国民統合の象徴」とは何かを常に考えて来られました。これが「戦後に挑んだ」ことになりますし、その姿勢を面白く思わず、陰に陽に批判してきた勢力があったからです。

お二人の歩まれてきた道をたどることは、平成とはどんな時代だったのかを振り返ることになったのです。

ふだんは書籍の編集をしたり、新書や文庫を担当したり、デジタル版の仕事をしたりしている文藝春秋の人たちが、夜間授業では受付をしたり、会場整理をしたりと奮闘してくださいました。取り上げた人物の親族が聴衆として会場に来ていることも多く、冷や汗をかきながらの夜間授業となりました。そんな雰囲気が少しでも伝われば幸いです。

二〇一九年九月

ジャーナリスト　池上　彰

写真　文藝春秋写真資料室
装丁　征矢武
構成　浦谷隆平
DTP　明昌堂

池上 彰（いけがみ　あきら）

1950年、長野県生まれ。慶應義塾大学経済学部卒業後、73年にNHK入局。報道記者やキャスターを歴任する。94年から11年間「週刊こどもニュース」でお父さん役をつとめ、わかりやすい解説が話題に。2005年、NHK退職。以後、フリージャーナリストとして幅広く活躍中。東京工業大学リベラルアーツセンター教授を経て、16年4月より名城大学教授、東京工業大学特命教授。著書に『世界を変えた10冊の本』『池上彰のこれが「世界のルール」だ！』、東工大講義をまとめた『この社会で戦う君に「知の世界地図」をあげよう』（いずれも文春文庫）ほか多数。近著に『知らなきゃよかった 予測不能時代の新・情報術』（佐藤優との共著・文春新書）『池上彰の「どうしてこうなった？」』（文藝春秋）など。

日本《にほん》の戦後《せんご》を知《し》るための12人《にん》
池上《いけがみ》彰《あきら》の〈夜《や》間《かん》授業《じゅぎょう》〉

2019年11月15日　第1刷発行
2019年12月25日　第2刷発行

著　者　池上《いけがみ》彰《あきら》
発行者　島田 真
発行所　株式会社 文藝春秋
〒102-8008
東京都千代田区紀尾井町3-23
電話 03-3265-1211（代表）

印刷所　凸版印刷
製本所　大口製本

定価はカバーに表示してあります。
万一、落丁乱丁の場合は送料当社負担でお取替えいたします。
小社製作部宛お送り下さい。

ISBN978-4-16-391061-1